# ASUNTO: POESÍA

# ASUNTO: POESÍA

Beatriz Minaya

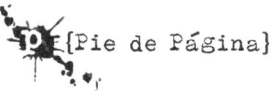
MARESÍA
{Pie de Página}

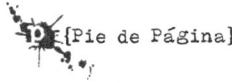
{Pie de Página}

Título original: *Asunto: Poesía*
Primera edición, 2024

© Beatriz Minaya
© Diseño de cubierta: José Miguel Rodríguez Montoya
© Diseño y maquetación de interior: Marta Vega

Depósito legal: M-1859-2024
ISBN: 978-84-127158-5-9

Impreso de forma cariñosa en España.

*A las personas que han leído y siguen leyendo
mi* newsletter *poética, por creer en mí y en mis
versos incluso antes que yo misma.*

# Índice

# Prólogo

JUAN ROMEU

En 2022, una pequeña colección de poesía que estaba naciendo pidió a los internautas en las redes, tímidamente y sin demasiada convicción, que le enviaran una muestra de tres poemas bonitos y que se entendieran para participar en una antología. Esa pequeña colección, Maresía, tuvo la suerte de que Beatriz Minaya se decidiera a enviar los suyos. En ese momento, yo sospechaba que el mundo editorial, por «sus idiosincrasias», estaba dejando fuera mucho talento poético, pero desde luego jamás imaginé que pudiera haber entre esos descartes poetas de tanta calidad como Beatriz.

Y así Beatriz se convirtió en una de las elegidas —con tres poemas— para formar parte de *Poesía bonita y que se entiende*, una antología que, bajo su aparente inocencia (sí, lo de incluir nueve poetas era por los *Nueve novísimos* de Castellet), estaba intentando reorientar el camino de la poesía hacia un estilo más claro y accesible para el público popular con el fin de recuperar a tantos lectores desencantados con la deriva que este género ha tomado en muchas de las publicaciones más alabadas y laureadas de las últimas décadas. La poesía de Beatriz encajaba perfectamente en la colección y demostraba, junto a la de los demás autores, que hay muchos poetas que han seguido una línea de poesía bonita y que se entiende al margen de modas herméticas y extraelevadas.

Para colmo, poco después descubrí que Beatriz tenía un boletín poético (o *newsletter*), «Retales de poesía», en el que cada domingo enviaba a sus suscriptores una reflexión personal a modo de diario con un poema propio y numerosas referencias a otros poetas. Al margen de que justo en esa época muy distintas personas me habían recomendado crear una *newsletter* en Maresía, el boletín de Beatriz me sedujo por la manera tan cercana y personal que tenía de aproximar a la gente a la poesía y, sobre todo, a lo poético que hay en la vida de cada uno. Supe enseguida que había que publicar un libro basado en «Retales de poesía».

Y el resultado es la maravilla que aquí tenéis y que no me he cansado de elogiarle a Beatriz. Acertó plenamente con lo que yo buscaba: ha logrado crear «un acercamiento a la poesía original, personal, cuidado y valiosísimo», tal como le dije por WhatsApp. Como si fuera un desarrollo de ese verso que tanto me impresionó de sus poemas de *Poesía bonita y que se entiende* —«No me pasa nada. Excepto»—, en este boletín nos invita a formar parte de sus asuntos más íntimos (sin caer en un intimismo incómodo) durante un año, con entregas bimensuales, para contarnos todo eso que le pasa y, con ello, ayudarnos a entender mejor la vida diaria en general y (algunos de) nuestros sentimientos más concretos. Y lo hace de forma increíblemente poética, consiguiendo emocionar incluso con aquello con lo que no nos sentimos identificados del todo.

¿Cómo es posible? Una de las claves es que Beatriz se nos muestra como una persona totalmente natural y accesible en su rareza, una persona corriente que no cumple con sus objetivos de principio de año, que necesita estar sola a veces o que siente que, frente a los demás, vive mal:

> A veces miro a la gente que me rodea y pienso que hacen que vivir parezca fácil, mientras yo me siento la persona más torpe del universo.

La otra clave es su inconformismo ante las ideas asentadas a la hora de enfrentarse a los sentimientos, por ejemplo la idealizada imagen del amor romántico. Así puede defender «lo beneficiosa que puede ser la rutina para una relación», la posibilidad evidente de la amistad entre mujeres, la nostalgia y la tristeza, la necesidad de la muerte («La muerte es lo que hace que en nuestra vida casi todo tenga tanta importancia»)… Es difícil encontrar a alguien que le dé una vuelta de tuerca a todo con tanta coherencia y acierto, que sea capaz de cuestionar tan razonablemente sentimientos sin renunciar a ellos. Y que sea capaz a la vez de hablar con tanta delicadeza de asuntos tan complejos como la adolescencia, la salud mental o el suicidio.

Todo esto es, naturalmente, también aplicable a su poesía, que, no olvidemos, es la parte central de cada entrega del boletín. La poesía de Beatriz es, por un lado, desgarradora por su sinceridad; ella no tiene ningún problema en revelar sentimientos para otros inconfesables (pese al hermetismo que dice mostrar en su día a día) y eso hace que el lector se sienta liberado al comprobar que a otra persona también le pasa lo que a él y, sobre todo, que, aunque le pase, no pasa nada o no pasa demasiado (algo a lo que la poesía debe aspirar); siempre hay un resquicio al que aferrarse:

> Puede que no exista la paz,
> pero nos quedan las treguas.

Beatriz no tiene problema en reconocer que ella nació para el invierno, que ha decidido no ser madre (ojo al poema «Infancia infinita», con versos como «Atraviesas este cuerpo, / que es tu casa, sin permiso»), que, por no decepcionar a las personas que la rodean, ha dejado de hacer cosas que le habría gustado hacer...

Y, por otro lado, la poesía de Beatriz es rebelde, contestataria, a lo Blas de Otero pidiendo la paz y la palabra, pero en el amor y en la vida. También en la poesía pone los puntos sobre las íes y aclara conceptos que llevan entendiéndose mal mucho tiempo; es crítica con los demás, quienes

> parecen divertirse,
> como si no les preocupase no saber vivir.

Pero lo mejor es que lo hace en todo momento con respeto y humildad, sin ninguna intención de aleccionar, sin culpar a nadie de sus desgracias, siempre planteándose antes si sus males los provoca ella misma («¿Seré yo, señor?»), con ese tacto y prudencia hacia los demás que da la poesía. Y es que ella sabe bien que no hay que juzgar a los otros sin conocerlos bien. Por eso anima en todo momento a hablarse bien (a uno mismo y a otros), a decir cosas bonitas, a esforzarse, porque

> aquello que se hace fácil
> rara vez se hace bien.

Se nota que Beatriz se nutre de las muchas lecturas de poetas actuales (de las cuales hay buena muestra en este boletín poético) para ofrecer una poesía moderna y fresca, pero a la vez clásica; libre e incluso libertina, pero nada caótica; profunda, pero muy accesible; irónica, pero seria; ligera, pero alucinantemente cargada de sentimiento.

Y así es como Beatriz —una persona que «florece en la penumbra» y que de pequeña era capaz de «escuchar las estrellas» (seguramente ahora también)— ha creado este boletín tan precioso. Así es como una persona cuyas «aristas chocan con el mundo» nos ayuda a que ese mundo choque menos con las nuestras, confirmando, desde luego, que «un lector de poesía jamás se siente solo».

«Y elegimos arder porque es hermoso». Así, con este verso (el favorito de Beatriz), esta obra nos recuerda que «los seres humanos no estamos anclados al suelo», que es importante «atreverse a soñar todos los días para ensanchar los límites de nuestra existencia» y que aun lo más inútil o aparentemente absurdo puede ser bueno si nos hace revivir:

> No renuncies a ensuciarte:
> de todas formas vivir salpica.

Espero que esta obra de arte os guste tanto como a mí. Si ya estabais sumergidos en el mundo de la poesía, espero que os ayude a nadar por él con más decisión; si es vuestra puerta de entrada, espero que a partir de ahora seáis capaces de ver la realidad con unos ojos similares a los de Beatriz y que nunca os rindáis a lo establecido. En cualquier caso, como mínimo os llevaréis de este libro una larga y valiosa lista de recomendaciones poéticas (Ángel González, Carmen Jodra, Gloria Fuertes y un amplio etcétera, como podéis ver en el índice final), de grupos y canciones, e incluso de películas.

Ante vosotros tenéis una feliz muestra de lo que se puede considerar, en palabras de la propia autora, «microactivismo poético», pequeñas acciones que hacen que el mundo sea más poético y se disfrute con más vitalidad pese a lo que puede llegar a doler, pese a todo:

> y recordar que cada día
> sigo eligiendo la vida.

# Agricultura ↩ ↩ ↪ ⋯

De: Beatriz Minaya **1 de enero**
Para: Ti

---

Los comienzos son la época de los propósitos. Empezar cualquier cosa (un año, una relación, un proyecto…) supone, de manera más o menos consciente, marcarse objetivos. En el caso de los propósitos de Año Nuevo es, además, casi tradición: tendemos a marcarnos metas más o menos realistas que, con frecuencia, acaban olvidadas con el paso de las semanas para, con suerte, volver a ser retomadas al final del año. Esa ocasión suele estar acompañada de un sabor agridulce porque, no sé a ti, pero a mí me ha solido dar la sensación de que he conseguido más bien poco.

Tal vez por eso cada vez soy menos partidaria de los propósitos de Año Nuevo, en plural, y más de marcarme un propósito, en singular. A medida que se acerca el inicio del año hablo con mis amigas de cuál va a ser nuestro propósito de ese año que, además, adquiere la categoría de «microactivismo»: no es solo algo que nos proponemos aplicar a nuestra vida, sino algo que creemos que merece la pena difundir. De esa manera, con nuestro propósito para ese año, no solo estamos mejorando nuestra vida, sino también la de aquellos que nos rodean.

Uno de mis favoritos, el que fue el inicio de todo, fue el propósito de hablarse bien a una misma. Qué tontería, ¿verdad? Pero no lo es realmente. Párate a pensar en cómo te hablas. Qué cosas te dices, ya sea en voz alta o en silencio, cuando cometes un error, cuando te pruebas ropa, cuando te describes… Me apuesto algo a que te dices cosas que no le dirías a casi nadie y, desde luego, que no le dirías nunca a un ser querido. Cambiar ese diálogo interno, aunque no lo parezca, supone una diferencia enorme. Y animar a los demás a que lo hagan es un gran microactivismo. Deberías probarlo si no lo haces ya.

Mi propósito de este año, sin embargo, tiene que ver con otra cosa. En concreto, con no dejarme vencer por el odio. El primer poema de este boletín poético fue escrito con esa idea en mente: en un mundo que vive al ataque, cultivar la paz. La inspiración conceptual me vino pensando en mi padre, agricultor, en el mimo que requiere cultivar la tierra, cuidar lo que crece esperando sin certeza que vaya a dar buenos frutos. Así vivimos los que cultivamos la paz y la amabilidad: cuidando y esperando que los frutos sean buenos. No siempre ocurre, pero hace tanta falta que creo que merece la pena seguir intentándolo:

## AGRICULTURA

No arrancaréis la paz de mis entrañas:
ha agarrado, como una flor silvestre,
a golpes de dolor y de miseria.
Mi sangre no se tornará veneno,
mi voz no invocará a la muerte
ni haré grilletes del pincel de las caricias.
No me quitaréis la paz:
la defenderé con obras y palabras,
sin batallas, sin caudillos y sin himnos.
La sembraré y será abonada con paciencia.
Así, sus frutos serán dulces e infinitos,
ajenos a las batidas de caza
que convierten a la gente como yo
en presas.

Espero que te haya gustado. Tanto si es así como si no, me permito dejarte unas cuantas recomendaciones. La primera, por si te gusta la música, que es otra forma de poesía, es una canción: «Que vengan a por mí», de María Peláe. La letra es buena, pero te recomiendo que busques el videoclip y disfrutes con la fuerza de la actuación de la malagueña escuchando atentamente sus palabras.

Si eres más de cine, te recomiendo la película *Todo a la vez en todas partes*. Si no la has visto, ten paciencia:

al principio es de una rareza extrema, pero hay un momento (o al menos así nos ha pasado a muchos) en el que todo hace clic, acabas dentro de la película y no puedes salir. Si eso ocurre, estoy casi segura de que coincidirás conmigo en que se trata de una película muy conmovedora.

Y, si lo que quieres es más poesía, ¡adelante! Gloria Fuertes (1917-1998) es un buen lugar para empezar a leer sobre la paz y la amabilidad. En su poema «Lo confieso», por ejemplo, encontramos estos versos:

> «Es triste, y porque es triste, lo confieso,
> cuesta mucho vencerse, sin embargo,
> intenta dar un beso al enemigo,
> verás que sale luz de tu costado».

Otro poema que invita a reconciliarse con el mundo y a cuidar de él y de quienes lo habitan, así como a hablar menos para herir y más para sanar, es «De lo que me gusta hablar», de Manuel Gahete (1957), en el que encontramos versos como estos:

> «Y del joven que lucha por la paz
> con las manos, las voces y los dientes.
> […] De todo lo que es bueno y lo que es justo,
> de todo lo que es tierno y lo que es fuerte».

Creo que, con esto, ya tienes por dónde empezar. Que la paz te acompañe durante todo el año o, al menos, hasta la próxima entrega de este boletín poético.

¡Hasta entonces!

# Saber vivir

De: Beatriz Minaya                    **15 de enero**
Para: Ti

---

La vida buena, el saber vivir (bien, se entiende), es algo que ha atormentado a la humanidad desde bien pronto. Si, en general, nos gusta hacer bien las cosas, cuando se trata de algo como vivir nuestra propia vida con más razón todavía. Sin embargo, no sé si a ti te ocurrirá, pero a mí me pasa bastante lo de creer que no tengo ni idea de qué estoy haciendo.

Ocurre, sobre todo, cuando miro a mi alrededor. Ya, ya lo sé: la hierba siempre parece más verde en el jardín del vecino. Sin embargo, no puedo evitarlo. A veces miro a la gente que me rodea y pienso que hacen que vivir parezca fácil, mientras yo me siento la persona más torpe del universo.

Con el tiempo he aprendido que las apariencias rara vez hacen justicia a la procesión que cada uno llevamos por dentro, que vivimos con la careta puesta y que, aunque sea sin querer, con frecuencia llevamos por bandera el *fake it 'till you make it* (fíngelo hasta que lo consigas). Eso me ha ayudado a poner esa sensación un poco en perspectiva. Aun así, no me acabo de quitar la impresión de que en esto de vivir la mayoría saben cosas que yo no sé.

De eso va el poema que te traigo hoy:

## SABER VIVIR

*Todos ustedes parecen felices*
ÁNGEL GONZÁLEZ

He concluido que no sé vivir. Los días
se revuelven en mis manos como lombrices
mientras solo atino a mirarlos con espanto.
En cambio, todos ustedes parecen tan felices...
Embriagados de néctar, saciados de placeres,
siguiendo los pasos de una coreografía
que yo nunca he llegado a aprender,
que nunca nadie se paró a enseñarme.
No sean egoístas, cuéntenme el secreto
de sus repletos álbumes de fotos.
¿Con qué abonan el árbol del tiempo?
¿Cómo sosiegan las alas de la angustia?
Nadie responde. Parecen divertirse,
como si no les preocupase no saber vivir...
Tal vez sea eso.

BEATRIZ MINAYA

Como puedes ver, mi poema está acompañado de una cita del poema «Todos ustedes parecen felices...», de Ángel González (1925-2008). En él, el poeta hace esa distinción entre realidad y apariencia en versos como estos:

> «Y parecen —nada
> más que parecen— felices,
> y hablan
> con el fin de ocultar esa amargura
> inevitable».

Si lo que te apetece es leer sobre ese sentimiento de no tener ni idea de qué se está haciendo, puedes acudir a Carmen Jodra Davó (1980-2019). Su poema VI de «El ciclo satánico» (contenido en su poemario *Las moras agraces*) acaba con los siguientes versos que a mí me parecen demoledores:

> «*Ya tengo, y hago, y soy lo que prefiero*;
> de acuerdo, claro... pero
> tampoco es esto lo que yo buscaba».

No deja de sorprenderme que una mujer tan joven (tenía unos 17 años cuando concibió este poemario) tuviese una percepción tan profunda del mundo que le rodeaba.

Me parece que ya te he dado suficiente en lo que pensar, así que creo que es momento de cerrar la entrega de hoy. Nos vemos en la próxima.

¡Hasta entonces!

P. D.: Por si hoy te has quedado con ganas de música, te voy a dejar una canción que me lleva un poco la contraria. Se trata de «Instrucciones para bailar un vals» de El Kanka. En él se nos enseña la coreografía para el vals y, de paso, para la vida. A ver si te sirve.

# Péndulo

De: Beatriz Minaya **1 de febrero**
Para: Ti

---

Febrero: mes del amor romántico, los corazones, las rosas rojas, los peluches con mensajes ñoños y demás parafernalia. Probablemente, leyendo este inicio, te dé la sensación de que soy una *hater* del amor, y nada más lejos de la realidad: he llegado a enamorarme varias veces al día (tal vez en algún momento te cuente alguna de ellas). Lo que me causa un poco de rechazo es, por una parte, esa presión por tener algo que celebrar el 14 de febrero y, por otra, pero relacionada con esta, la visión tan estrecha del amor que se publicita este mes. ¿Qué hay de otros tipos de amor? ¿El amor a las amistades o el amor propio no merecen ser celebrados? Eso por no decir que el amor, de la clase que sea (sí, como el disco de Viva Suecia), merece ser celebrado todos los días del año.

No obstante, voy a apartar todo ese intento de ser contestataria: te traigo un poema de amor. No de amor propio, no de amistad, no de amor a la familia: de amor amor. Aunque me resisto a hablar de amor romántico. Este poema no habla del amor desde la unión, sino desde la separación; no hace hincapié en la necesidad o en el destino, sino en la libertad y la elección.

Espero que te guste:


## PÉNDULO

¡Qué libertad cuando te marchas de mi lado
sin atar mis alas con hilos de éter!
Me reencuentro conmigo misma, curiosa,
como quien examina cuánto ha cambiado un
[viejo amigo
para descubrir que todavía le agrada.

A cada paso que doy levanto viento,
apartando las borrascas de mi vida,
y me adueño de todas las pasiones
que se agitan en mi alma insumisa.

Qué delirio cuando acortamos las distancias
y nuestras pieles se saben a mano.
Nos lanzamos a devorarnos con cautela, suaves,
como lo hacen quienes se han amado mucho
y no confunden el hambre con la prisa.

En cada poro de mi piel hay colibríes,
los has sembrado en surcos con tus dedos
dejando en mi cuerpo una marca invisible
que solo por mi voluntad me hace tuya.

Así es mi amor, como un péndulo:
pudiendo ser sin ti cuando te marchas
elijo ser contigo cada vez que vuelves.

Si te apetece seguir leyendo sobre el amor, no vas a tener problema: es uno de los grandes temas de la poesía y, al contrario de lo que muchos creen, se han escrito poemas de amor que no son cursis en absoluto. Te recomiendo leer, por ejemplo, a Aurora Luque (1962), que escribe de un amor encarnado y terrenal, pero, a la vez, divino. Tiene versos como estos:

«El cuerpo amado nunca
es solamente un cuerpo».

También hay poemas de Ángeles Mora (1952) que retratan muy bien el sentimiento amoroso más cotidiano. Uno de mis favoritos es «La calle en que tú vives», que empieza con el verso «No hago nada desde que te vi». No me digas que a ti no te ha pasado...

Pero, si tuviera que recomendarte un poema de amor, uno solo, te recomendaría «Me basta así» de Ángel González, que me parece perfecto desde el inicio:

«Si yo fuese Dios
y tuviese el secreto,
haría
un ser exacto a ti»

hasta el final:

«Creo en ti.
Eres.
Me basta».

No obstante, si hoy te apetece centrarte más en el amor propio, no dejes de escuchar «Que no, que no», de Rozalén, o «Canción de amor propio», de Ismael Serrano. Además, a aquel que se quiere a sí mismo nunca le falta el amor.

Hasta la próxima entrega.

# Me gustas

De: Beatriz Minaya
Para: Ti

**15 de febrero**

---

Parece ser que este mes va a ser, finalmente, temático. Sí, la segunda entrega de febrero de este boletín poético va también de amor. No obstante, de nuevo, quiero darle una vuelta de tuerca al concepto y reflexionar sobre cómo los relatos que consumimos sobre el amor, sean en el formato que sean, pueden condicionar nuestra vivencia de la experiencia amorosa.

Vuelvo otra vez a la idea del amor romántico que, cuando no viene vestido con el manto del destino (estar hechos el uno para el otro), que hace que todo sea fácil y que las personas parezcan encajar sin problemas, trae el traje de la épica: amantes superando todos los obstáculos que el cruel mundo y quienes lo habitan se empeñan en ponerles. También dentro de esta forma de amor que parece requerir épica entran los grandes gestos, la pasión desbordante que permanece en el tiempo, la lucha contra la rutina... Y, claro, si después de unos años se nos acaban los grandes gestos, hemos entrado en rutinas o no se nos sale el corazón por la boca a cada rato cuando estamos con la persona amada, pueden entrarnos dudas:

si ya no quiero como antes, ¿será que estoy dejando de querer?

Puede parecer un razonamiento pueril, pero esto ocurre. Seguro que has escuchado alguna vez achacar la ruptura de una pareja a que «se dejaron llevar por la rutina» u otras fórmulas parecidas. Así que hoy lo que yo te traigo es una defensa de la rutina, una apología de lo beneficiosa que puede ser la rutina para una relación y, de paso, le saco la lengua a la idea de la épica en el amor.

No se me ocurre nada más conmovedor que sentirse libre de ser una misma con la persona que quieres. Esos momentos iniciales, épicos, de pasión embriagadora, son, también, algo incómodos. Un amigo mío los llama «campaña electoral»: no es que estemos mintiendo, solo intentamos dar nuestra mejor cara. Y eso es agotador. Para mí el amor de verdad se parece mucho más a sentirse cómoda con que tu pareja te vea hecha un desastre mientras pasas una gripe que a una declaración de amor en un evento multitudinario, por poner un ejemplo.

Te dejo ya con el poema. Para que te hagas una idea, lo escribí tras cruzarme con mi pareja en el pasillo y tener un momento de esos de ir los dos para el mismo lado varias veces. De verdad que puede encontrarse poesía en cualquier lado si sabes cómo mirar:

## ME GUSTAS

Me gusta verte,
la manera en que mis ojos constatan
mi fortuna. Porque existes,
me cruzo contigo por los pasillos
y la atracción de tus labios
me desvía de mi trayectoria.

Me gusta mirarte
infiltrándome por puertas entreabiertas
para encontrarte absorto en cualquier cosa,
como si el mundo no te importara,
y que a veces levantes la vista
como si solo me esperases a mí.

Y me gusta tenerte, así,
entre los brazos, ajustando tus costuras,
encogiéndote los miedos,
piel con piel, siempre desnudos,
haya o no capas de ropa,
pensando en cuantísimo me gusta
que me veas, que me mires, que me tengas,
así, tan bien como lo haces,
justo como a mí me gusta.

Si te gustaría leer más poemas sobre amor cotidiano, te recomiendo, enterito, el poemario *Completamente viernes*, de Luis García Montero (1958). Los poemas contenidos en él recogen momentos de su relación con la escritora Almudena Grandes cuando mantenían una relación a distancia (ella en Madrid, él en Granada) y hablan de las llamadas telefónicas:

> «Sobre las diez te llamo
> para decir que tengo diez llamadas,
> otra reunión, seis cartas,
> una mañana espesa, varias citas
> y nostalgia de ti»,

de la rabia que da encontrarse con gente que se ama cuando tú tienes lejos a la persona que quieres:

> «Ya no tienen edad para estas cosas,
> comenta el matrimonio de la última fila.
> Y pienso que es verdad. No se descarta,
> no se descarta que al salir del cine
> una pareja cuente con nuevos enemigos»

y, por supuesto, del revuelo maravilloso de adecentarlo todo cuando llega el fin de semana y, por fin, la persona que queremos acude a nuestro encuentro. El poema que da nombre al poemario es capaz de situarte en sus primeros versos en ese instante:

BEATRIZ MINAYA

«Por detergentes y lavavajillas,
por libros ordenados y escobas en el suelo,
por los cristales limpios, por la mesa
sin papeles, libretas ni bolígrafos,
por los sillones sin periódicos,
quien se acerque a mi casa
puede encontrar un día
completamente viernes».

Sin embargo, aunque yo soy una gran defensora de la rutina y creo que, si se dan las circunstancias adecuadas, más que debilitar el amor lo llega a fortalecer, hay quien tiene otras opiniones. Por ejemplo, Amalia Bautista (1962) en su poema «La vida responsable» enumera las múltiples obligaciones en las que nos vemos envueltos y reflexiona sobre cómo esas nos roban tiempo:

«… para hacer un montón de cosas raras,
cosas innecesarias, prescindibles
y, sobre todo, inútiles y bobas.
Por ejemplo, quererte con locura».

No me quiero despedir sin hablar, también, del desamor y de cómo distorsiona la cotidianidad. En su poema «La pasión», Cristina Peri Rossi (1941) nos habla de un amor que se acaba y, aunque sitúa la escena en una casa normal y corriente, el ambiente es casi posapocalíptico. El poema empieza así:

«Salimos del amor
como de una catástrofe aérea».

Los versos finales son aún mejores, así que me despido ya para que puedas ir corriendo a buscar y disfrutar este poema.

¡Hasta la próxima entrega!

P. D.: Por si te apetece escuchar música, te recomiendo una canción sobre la tensión entre rutina y pasión, entre ver al otro como es y amarlo aun así: «Cosa de dos», de Pez Mago y Rozalén. Espero que la disfrutes.

# Amigas

↶ ↞ ↷ ⋯

De: Beatriz Minaya
Para: Ti

**1 de marzo**

Las amigas son lo mejor del mundo. Sí, ese es el inicio que he escogido para esta entrega del boletín poético. Ahora que se aproxima el 8 de marzo no quiero perder la oportunidad de enfrentarme una vez más a ese mito tan cacareado, pero con tan poco fundamento: «Es que las mujeres son muy malas entre ellas» (léase con voz de *mimimí*).

Tengo la firme convicción de que uno de los mejores mecanismos para protegernos, en general, es tener buenas amigas. Tener amigas beneficia tu salud mental (benditas sean esas charlas de desahogo) y física (se preocupan por ti y te animan a cuidarte), te ayuda a no dejarte llevar por relaciones insanas (porque son un modelo de relación sana y porque si ven alguna señal problemática te lo dirán) y te da grandes satisfacciones (el amor de las amigas es muy especial, se siente sincero y desinteresado, como una especie de hermandad, lo cual permite disfrutar más de lo bueno que nos pasa, al compartirlo con ellas, y emocionarse también sinceramente cuando son ellas las que comparten buenas noticias).

Entonces, ¿qué es todo eso de que las mujeres nos tratamos fatal entre nosotras? Pues pura propaganda. Si nos lo creemos, desconfiaremos de otras mujeres, competiremos con ellas, les haremos daño. Estaremos, en definitiva, divididas. Pero basta abrirse a otras mujeres para darte cuenta de que de tener amigas no se vuelve. No hay nada que pueda sustituirlas.

Por eso la entrega del boletín de hoy quiero dedicársela a ellas, a mis amigas. Gracias. Por todo.

## AMIGAS

Qué hermosa eres cuando eres feliz
y ríes a golpes hasta despeinarte
y ya no te preocupas más de los modales
y pregonas tu euforia a voz en grito.
Quisiera recoger mis cachivaches
—los libros, el sofá, algunos versos—
y trasladarme a la sombra que proyectas
para habitar siempre en tu alegría

Si has leído algo de poesía puede ser que hayas encontrado un eco en mi poema. En el primer verso hay algo de influencia del poema «Desayuno», de Luis Alberto de Cuenca (1950):

«Me gustas más cuando es mi cumpleaños
y me cubres de besos y de tartas,
*o cuando eres feliz y se te nota*».

Ahora, como siempre, algún poema del mismo tema por si te has quedado con ganas de más. El primero que te propongo es «Presencia», de Alejandra Pizarnik (1936-1972). En él la poeta habla de esas presencias que nos apaciguan hasta en los peores momentos. No se refiere en concreto a las amigas, pero a mí me hace pensar en ellas. Mirad qué versos tan sentidos:

«… si no es tu voz
lluvia sola en mi silencio de fiebres
tú me desatas los ojos
y por favor
que me hables
siempre».

Un poema que sí habla de sororidad es «Sisterhood» de Rosa Berbel (1997). Contiene estos versos que resumen magistralmente lo que yo quería decir hoy:

«Nuestra victoria es
un consuelo discreto en los ojos de otras,
sabernos comprendidas y tristes
y amadas, tímidamente amadas
por las otras».

El poemario en el que está recogido este poema, titulado *Las niñas siempre dicen la verdad*, es, de hecho, una gran recomendación para este mes de marzo. Puede ser una buena manera de llenar tus días de poesía hasta la próxima entrega de este boletín.

Hasta entonces, cuídate mucho.

P. D.: La canción de hoy, cómo no, tiene que hablar de amistad entre mujeres. Se trata de «sabes qué?» de allie lune y sélpide. Me encanta su verso final. ¿Por qué no vas y lo escuchas?

# Lo que nos dejamos también pesa

De: Beatriz Minaya
Para: Ti

**15 de marzo**

En unos días será el Día del Padre. Puede ser una fecha difícil para muchas personas y por razones muy diferentes. Para mí lo es: la vida y mis decisiones me han llevado a vivir lejos de mi padre, de modo que la inmensa mayoría de los días del año los pasamos separados. Puede doler en cualquier momento, pero duele más en las fechas señaladas.

El poema de hoy es un poema que habla de la distancia y de la ausencia, de lenguajes de amor entre padre e hija distintos a los que se ven en las películas. Pero también es un poema que, entre líneas, habla de un cierto tipo de exilio: el de aquellos que hemos tenido que irnos de nuestros pueblos para salir adelante dejando muchas cosas atrás. De ahí el título; es curioso como a veces lo que dejas atrás también puede ser un peso con el que cargar:

## LO QUE NOS DEJAMOS
## TAMBIÉN PESA

A veces fingimos que sabemos
pero siempre que decidimos lo hacemos
mirando hacia la brumosa incertidumbre.

Imaginaba pero no entendía
cómo sería escuchar tu voz lejana
quebrada por la Fortuna y las decepciones
    —también, cuesta aceptarlo, por mis pasos—
sabiendo que envejeces cada día,
que el tiempo no se deja conmover
por nuestra torpe manera de querernos
intercambiando tu sudor por mis búsquedas en
                             [Google.

No entendía que para ganarme
iba a tener que perderme tantas cosas
ni que con cada llamada de teléfono
se me iba a dislocar el corazón.


Como siempre, te dejo unas cuantas sugerencias poé-
ticas más. La primera tiene que ver también con la au-
sencia paterna, aunque esta vez se trata de la ausencia

definitiva. Es del poema «Ha muerto mi padre» de Alfonso Costafreda (1926-1974), que empieza así:

«Ha muerto mi padre.
Se repite su ausencia cada día
en el hogar vacío».

Si quieres cambiar de perspectiva y leer al padre escribiéndole a su hija, te recomiendo el poema «Respuesta a su hija Laura», de Miguel d'Ors (1946), en el que el poeta responde a su hija de 3 años cuando le pregunta que por qué le hace falta. El comienzo es maravilloso:

«¿Que por qué me haces falta?
Pues ¿quién me llevaría
a la rama más alta del verano?
¿Con quién aprendería a pronunciar
correctamente las palabras verdes?
¿Cómo iba a saber yo cuándo un 8 está triste?».

Y, si lo que te ha resonado es la idea de tener que irse para construir la propia vida, puedes leer el poema «La extranjera», de Elisabeth Mulder (1904-1987), una de esas poetas de la generación del 27 que no suelen aparecer en los libros de texto. Si de las otras sugerencias he compartido los primeros versos, de esta te dejo los últimos:

«Tiéndeme la mano
que me acariciara
y olvídame. Olvida,
por mí… y por ti.
No soy una loca, no soy una rara,
¡mas no soy de aquí!».

Y, ahora sí, me despido. Espero no haberte dejado el ánimo demasiado «umbrío por la pena»[1]. La próxima entrega será menos lúgubre. Cuídate mucho hasta entonces.

P. D.: La recomendación musical de hoy es «Amor particular» de Lluís Llach. Sé que habla de la relación del cantautor con su público, pero yo siempre que la he escuchado he pensado en mi padre.

---

[1] Es el comienzo de un famoso poema de Miguel Hernández, convertido en canción por Joan Manuel Serrat y que tiene un final de esos que suenan mejor con un suspiro de madre o abuela antes del verso: «¡Cuánto penar para morirse uno!»

BEATRIZ MINAYA

# Apolo y Dioniso

De: Beatriz Minaya

**1 de abril**

Para: Ti

---

Dicen que la primavera la sangre altera y, aunque el calentamiento global nos está volviendo a todos locos, ese refrán sigue trabajando, como dice mi madre.

Trabajar con adolescentes tiene muchas ventajas y algún inconveniente. Disfrutar vicariamente de sus primaveras está, desde luego, en la columna de las ventajas. A medida que las temperaturas van subiendo, aunque sea levemente, empiezan a verse miradas que quieren parecer esquivas, choques furtivos por los pasillos, risas demasiado ruidosas respondiendo a chistes no tan graciosos… Suelo decirles a mis alumnas y alumnos, y les hace mucha gracia, que a veces sé quiénes se gustan incluso antes de que las personas implicadas lo sepan porque en un aula se ve casi todo y, desde luego, hay cosas que no saben disimular. El enamoramiento, la atracción, o como sea que queramos llamarlo, es una de esas cosas.

No les hace falta, claro: son adolescentes. Las consecuencias de que alguien te guste, incluso aunque sean negativas, son, *casi siempre*, efímeras[2]. Es distinto, claro, cuando dejas de ser adolescente. A medida que creces, lo de relacionarse con otras personas se complica, en general, y cuando se trata de atracción en particular se complica todavía más. Por eso, cuando leí la frase de *El lado frío de la almohada*, de Belén Gopegui, que acompaña a este poema, se me ocurrió escribir sobre esa tensión que probablemente te resulte familiar: la que se materializa cuando tenemos, a la vez, ganas de darlo todo y el miedo a estropearlo todo. Se me ocurrió incluso añadir una pequeña referencia a las lecciones de filosofía en el título, como guiño a mi trabajo y a mis alumnos.

Espero que lo disfrutes:

---

[2] Ojalá lo fueran siempre. No me olvido de la soledad, el miedo y la represión que acompañan a muchos adolescentes LGTBIQ cuando viven lo mismo que otros compañeros y compañeras, algo tan natural a ese momento de la vida: la atracción, el enamoramiento, el flirteo… son cosas que, si no eres como la sociedad te ha dicho que tienes que ser, pueden costarte muy caras.

## APOLO Y DIONISO

*... cautos los cuerpos y en los diez centímetros de*
*separación todo el deseo.*
Belén Gopegui en *El lado frío de la almohada*

Todo empieza con un desacuerdo.
La mente calcula y prescribe prudencia
pero la carne... El hambre no necesita certezas
más allá del pálpito cálido e insistente
que la sacude cuando la sacude;
no conoce duda ni necesita permiso
porque la carne no sabe anticipar el dolor.
Pero a la mente le pesan todas las vergüenzas
y los errores tal vez por cometer
los cuenta como inevitables.
Es esa tensión la que nos ata en el sitio,
la que contiene y esconde la erupción,
la que mantiene *cautos los cuerpos*
*y en los diez centímetros de separación*
*todo el deseo.*

Ahora, como en cada entrega, me veo en la tesitura
de hacerte recomendaciones que dejarán mis versos ti-
ritando. Y, si tengo que ponerme a la sombra de otros,

voy a hacerlo con todas las consecuencias porque, si se habla de amor y de poesía amorosa, no se puede dejar de mencionar *El collar de la paloma* del sabio Ibn Hazm de Córdoba (994-1064). En su ensayo, salpicado por poemas, el autor expone todo lo que sabe del amor. Me resulta fascinante comprobar cómo algunas cosas han cambiado tan poco. Por ejemplo, en el capítulo 2, que trata sobre cómo reconocer las señales del amor, encontramos estos versos:

«Cuando se trata de ella, me agrada la plática,
y exhala para mí un exquisito olor de ámbar.
Si habla ella, no atiendo a los que están a mi lado
y escucho solo sus palabras placientes y graciosas.
Aunque estuviese con el Príncipe de los Creyentes,
no me desviaría de mi amada en atención a él.
Si me veo forzado a irme de su lado,
no paro de mirar atrás y camino como una bestia herida;
pero, aunque mi cuerpo se distancie, mis ojos quedan fijos
                                        [en ella,
como los del náufrago que, desde las olas, contemplan la
                                        [orilla.
Si pienso que estoy lejos de ella, siento que me ahogo
como el que bosteza entre la polvareda y la solana.
Si tú me dices que es posible subir al cielo,
digo que sí y que sé dónde está la escalera».

Si hablamos de esas inclinaciones primaverales y adolescentes, vuelvo a recomendarte a Carmen Jodra

Davó. En este caso, su trío de poemas titulado «Concupiscencia», en el que habla de esa sed que se despierta de repente y que parece que no vamos a ser capaces de calmar. Sirvan como ejemplo estos versos que, espero, te den ganas de ir a buscar el poema completo:

> «Y sin embargo hay una sed extraña
> que mantiene sin fin toda su saña...
> Quizá sean cosas de la adolescencia,
> pero devoré anoche la manzana
> y de nuevo me hallaba esta mañana
> trémula toda de concupiscencia».

Y, si lo que te apetece es encontrar esa tensión del «quiero, pero no sé si debo», siempre puedes acudir al poema «Esperándote», de Gloria Fuertes, que es uno de mis favoritos de esta autora. Mira qué inicio, qué mezcla entre la amenaza y la promesa:

> «Haces bien en no venir,
> ...te besaba si vinieras».

Me parece que este es un buen momento para despedirme de ti, antes de que suban más las temperaturas. Nos vemos en la próxima entrega de este boletín poético. Hasta entonces, lee mucha poesía… y lo que surja.

P. D.: Hoy también te traigo una recomendación musical. Hablaba al inicio de lo complicado que se hace dejarse llevar por el deseo o el amor a medida que vas cumpliendo años. Tal vez no lo sea tanto, tal vez seamos nosotros los que nos complicamos la vida. Mon Laferte y Alejandro Fernández lo ven clarísimo en «Que se sepa nuestro amor», por ejemplo. Espero que la disfrutes.

# Los días claros

↶ ↞ ↷ ⋯

De: Beatriz Minaya                                          **15 de abril**
Para: Ti

---

Mi escritura va por rachas, no es algo que yo pueda controlar. Puedo obligarme a escribir, claro, pero en esas circunstancias pocas veces he escrito algo que merezca mínimamente la pena. Te puedes imaginar lo frustrante que es esperar a que la inspiración *me venga*, quedar a la merced de algo tan etéreo.

Evidentemente, no puedo quedarme de brazos cruzados, soy una obsesa del control. Y, aunque no funciona en un 100 % de las ocasiones, hace tiempo que encontré una manera de provocar esa inspiración: leer. Y no necesariamente poesía. Me funcionó, por ejemplo, leer *El lado frío de la almohada*, de Belén Gopegui. De esa lectura salieron varios poemas. Entre ellos, el que acompañaba la entrega anterior de este boletín poético y el que te traigo hoy.

Cuando leí la cita que acompaña al poema de hoy («… pero cómo sobrevivir a los días claros»), fue como recibir un cañonazo. Cuando digo que soy una persona nostálgica, con tendencia a la tristeza, la gente suele apresurarse a corregirme como si hubiese dicho una cosa horrible de mí misma. Y no es así: es una mera descripción. He aceptado esa característica de mi persona y he llegado a ver su lado positivo. No me molesta. Salvo cuando la gente, de alguna manera, me deja ver que no soy lo suficientemente alegre, que mi manera de sentir el mundo no encaja.

Cogí todas esas ideas y, animada por las palabras de Belén Gopegui, les di forma de poema. Y aquí lo tienes:

## LOS DÍAS CLAROS

> *… pero cómo sobrevivir a los días claros.*
> Belén Gopegui en *El lado frío de la almohada*

Yo lo sé: nací para el invierno.
Es fácil ocultarse en la tormenta
y mis labios se acomodan bien
a los nombres de la lluvia.
Pero cómo sobrevivir a los días claros
sin excusa para refugiarme,
calada por una luz
que no respeta los secretos,
que deja al descubierto cada rincón oscuro.
¿Cómo sobrevivimos a la luz
quienes hemos florecido en la penumbra?

Supongo que tiene sentido que haya recalado en la poesía. Entre los poetas hay grandes y célebres temperamentos nostálgicos. Por ejemplo, podemos nombrar a Sylvia Plath (1932-1963). En su poema «Soy vertical» encontramos una buena muestra de ese talante. Sus últimos versos dicen así:

«Y seguro que seré más útil cuando al fin me tienda para
                                                        [siempre:
entonces quizás los árboles me toquen por una vez
y las flores, finalmente, tengan tiempo para mí».


Otro nombre que podemos citar es el de Alejandra Pizarnik. Aunque me encanta su poema «La carencia», y además creo que retrata muy bien ese espíritu, he decidido escoger otros versos suyos que muestran que, como yo, Pizarnik prefería la oscuridad a los días claros. Pertenecen al poema «El corazón de lo que existe»:

«no me entregues,
                    tristísima medianoche,
al impuro mediodía blanco».


Puede que estés pensando, con horror, que ese talante nostálgico no suele llevar a quienes lo tienen a un buen final. Vista mi selección es un pensamiento legítimo (quizá podríamos debatir en otra ocasión si los suicidios de Pizarnik y Plath fueron porque tenían un carácter nostálgico o porque eran demasiado sensibles para este mundo). No obstante, para calmar tu preocupación te diré que Ángel González, quien escribió algunos de los poemas más nostálgicos que he leído, no solo no se suicidó, sino que, a pesar de ese halo de nostalgia que parece envolver toda su poesía, era capaz de mostrarse esperanzado y vitalista y llevaba por la vida, como dice en uno de sus poemas, «alta la fe y el corazón / dispuesto».

Así que, si como yo eres una criatura que florece en la penumbra, no te preocupes: no todo está perdido y no estás sola.

Hasta la próxima entrega.

P. D.: La canción de hoy habla un poco de esas personas que parecen ser demasiado sensibles para este mundo: «Free», de Florence + The Machine. Espero que te guste tanto como a mí.

# Infancia infinita

De: Beatriz Minaya

Para: Ti

**1 de mayo**

Si en marzo les tocó el turno a los padres, hoy le toca el turno a las madres o, más bien, a la maternidad. En concreto, a ese momento en el que una mujer se plantea si quiere o no ser madre.

Me consta que somos muchas las que vivimos esa decisión con una gravedad tremenda. No me malinterpretes: poder tomar esa decisión es maravilloso. Hay una inmensidad de mujeres que no han podido hacerlo. Incluso hoy en día hay muchas a las que no se les da esa posibilidad, sea cual sea su deseo.

Yo he decidido no tener hijos. Por muchas razones que se podrían abordar en otros lugares y en otras circunstancias. No obstante, y aunque estoy segura de que mi decisión es la adecuada *para mí,* no hay manera de librarse del dolor, del peso que supone tener que dejar algo atrás.

Cuando leí los versos de Susana March que acompañan a mi poema de hoy, andaba todavía dándole vueltas a lo de la maternidad. El conjunto de sus *3 poemas al hijo* me conmovió profundamente. En concreto, en la cita que encontrarás a continuación la poeta se lamenta de no poder salvar la infancia de su hijo, de saberse incapaz de proteger su inocencia. Yo, animada por ella, escribí un poema en el que me lamento de no poder darle a mi hija más que una infancia infinita, una inocencia eterna…, pero solo imaginada:

## INFANCIA INFINITA

> *¡Tu infancia, hijo, tu infancia!*
> *La llevo entre las manos*
> *como un vaso finísimo. Quisiera*
> *salvarla de su triste,*
> *segura destrucción, ¡y no sé cómo!*
> Susana March, *3 poemas al hijo,* I

Vuelves de nuevo, hija mía,
trayendo el mar a mi rostro.
Atraviesas este cuerpo,
que es tu casa, sin permiso.
Cualquier risa infantil te invoca,
a veces es un nombre,
quizá unos versos.
Hay que ver cómo estás ya de grande

y eso que te alimentas de mis sueños.
Me traes esta sonrisa desgraciada
y tú, en tu infancia infinita,
juegas a probarte mis zapatos
o garabateas sin permiso en los exámenes
y yo vuelvo a enfadarme hoy
conmigo por no darte más
que una niñez de éter,
por no darme más
que fantasías con tu nombre.

En esto de la maternidad, como en cualquier cosa que nos pase, si leemos poesía es difícil estar solos: ya alguien puso algo parecido en verso. Por ejemplo, Ida Vitale (1923) en su poema «Un niño, un sueño» habla, como Susana March, de la imposibilidad de salvar la inocencia de las criaturas:

«Un niño es un campo minado
de hermosos imprevistos.
Si pudiera evitarse, ay,
el desvío
hacia el hombre derrumbe y lo sabido».

También habla de maternidad y, además, desde distintos ángulos, Sylvia Plath en su poema «Tres mujeres.

Poema para tres voces». En el poema encontramos la narración de tres partos distintos, contados en primera persona por tres mujeres con circunstancias muy distintas. Es crudísimo, durísimo, tan afilado que casi te corta el alma (como todo lo que he leído de Sylvia Plath). Por ejemplo, los siguientes versos pertenecen a la tercera voz:

> «Llevo los vestidos de una mujer gruesa a la que no
> [conozco.
> Llevo el peine y el cepillo. Llevo un vacío.
> De pronto soy tan vulnerable...
> Soy una herida saliendo del hospital.
> Soy una herida a la que dejan irse.
> Detrás queda mi salud. Detrás queda alguien que quiere
> adherirse a mí. Pero yo desato sus dedos como vendas, y me
> [marcho».

Del mismo modo que Susana March habla con tristeza de la imposibilidad de proteger la inocencia de su hijo, también hay poetas que han escrito sobre la imposibilidad de proteger a sus hijos de los males del mundo, en general. Recuerdo el preciso momento en el que escuché a Juana Castro (1945) recitar su poema «¡¡¡Señor!!!», que surge del grito de dolor de su hijo mientras le hacían una prueba médica. Cuando acabó de recitarlo yo estaba temblando y con lágrimas en los ojos. Ahora, cuando releo ese poema, vuelvo a emocionarme. Te dejo solo los versos finales, pero te animo a buscarlo y leerlo:

«Yo me miro las cuencas maduradas
y te clamo ¡Señor! Porque tu nombre verde
es el único tallo que sostengo
desde que el mar me muerde y me vendimia».

Pero no quiero acabar esta entrega del boletín con tanta pena. Los poetas han escrito infinidad de poemas a sus madres y creo que ese puede ser un buen broche final. Yo me voy a decantar por Ana Pérez Cañamares (1968), que, en su poemario *Las sumas y los restos*, dedica un apartado, titulado «Los tesoros», a hablar de sus padres. Te dejo unos versos de uno de los poemas que me parece especialmente tierno:

«Sábados de mi infancia:
mamá por el pasillo, transportando
peroles de agua caliente
mamá tras el vapor
como una bruja de cuento
que fuera a cocinarme.
[…] Nunca tan limpia después
nunca más una princesa secuestrada
nunca más la seguridad
de que las brujas eran buenas
y siempre estarían de mi lado».

Hasta aquí el boletín poético de hoy. Cuídate mucho, que quiero que volvamos a encontrarnos en la próxima entrega.

¡Hasta entonces!

P. D.: Hoy la canción va dedicada a todas esas madres que apoyan a sus hijos y les quieren tal y como son. Se trata de «La niña», de María Peláe.

# Terrorismo o injusticia

De: Beatriz Minaya
Para: Ti

«¿Seré yo, señor?» es una expresión que asocio a mi amiga Ana. Me gusta porque como esa expresión pasa a menudo por mi mente me acuerdo con frecuencia de ella. Porque yo, también, vivo en el «¿Seré yo, señor?» más tiempo del que me gustaría. Te explico.

El «¿Seré yo, señor?» se usa cuando te sientes mal por algo, o algo no ha salido bien, y te planteas si la culpa puede ser tuya. Por ejemplo, si estás teniendo dificultades para relacionarte durante una temporada, si la gente te da de lado, cabe que te preguntes: «¿Seré yo, señor?». Otra situación en la que puede usarse esta expresión es cuando te encuentras mal anímicamente, cuando tienes depresión, ansiedad, fatiga constante, apatía… De hecho, de ahí sale este poema. De preguntarme si seré yo la responsable de estar mal cuando estoy mal o si, tal vez, quién sabe, podría ser que el mundo no nos lo pone fácil para estar bien. Y mira, por una vez, decidí no echarme yo la culpa:

## TERRORISMO O INJUSTICIA

Mis aristas chocan con el mundo.
No soy yo, es su estrechura,
pero es a mí a quien le duele.
Cuando hablo de mis dolores lo ven claro:
«Debes limar tus aristas».
Nadie piensa en agrandar el mundo.
Y aquí me tenéis, inmóvil,
dudando entre terrorismo o injusticia:
    en una mano una almaina[3],
    en la otra el teléfono de un terapeuta.

Espero que el poema te haya gustado lo suficiente como para darle una oportunidad a mis recomendaciones. La primera de ellas ni siquiera es poética. Se trata del ensayo *Malestamos: Cuando estar mal es un problema colectivo* de Marta Carmona y Javier Padilla. En él se reflexiona sobre el componente colectivo de la salud mental, intentando alejar un poco de carga de la

---

[3] En esta palabra te llevas un trocito de mi padre; es de él de quien la he heredado. En mi zona, la Manchuela conquense, se usa la palabra *almaina* en lugar de usar la que aparece en el diccionario de la RAE, *almádena*, para hacer referencia a una maza de hierro, grande, que se usa para romper piedra.

responsabilidad individual en este tema. Me resultó una lectura muy interesante. De hecho, escribí este poema tras escucharles en la radio hablando del libro.

Una de las razones para este malestar, apuntan en *Malestamos*, es la precariedad y la inseguridad. Y, si hablamos de precariedad, el poeta que se me viene a la mente en primer lugar es Francisco José Chamorro (1993). Sus poemarios *Liberalismo político* y *Teoría de la justicia* retratan con muchísima crudeza la deshumanización propia del mundo laboral, entre otras cuestiones. Y no habla de oídas. Te dejo unos versos del poema «7. Ni una comunidad ni una asociación», incluido en *Liberalismo político*:

> «Poeta trabaja de obrero en las industrias cárnicas.
> Poeta trabaja de cualquier cosa.
> No los ves, pero están por todas partes.
> No serías capaz de reconocerlos.
> No tienen otra forma de comer.
> Las palabras están hechas de hambre».

No es Francisco José Chamorro el único poeta que reflexiona sobre la incapacidad de las palabras para alimentar nuestros cuerpos. Javier Álvarez (1980), en su poemario *Un río se llamaba Carlos*, incluye un soneto que aborda este mismo tema. A él pertenecen estos versos:

«Será a partir de entonces obligado
visitar el gimnasio cada día,
trabajar en alguna gestoría,
[…] vestir chaqueta y corbata de seda,
adquirir rostro serio, gesto sesgo
y, tal vez, invertir en aluminio».

Sobre la dificultad de mantener el ánimo en condiciones en un mundo que no nos facilita hacerlo, también escribió Ángel González. Su poema «Inventario de lugares propicios al amor» acaba con estos versos:

«Queda quizá el recurso de andar solo,
de vaciar el alma de ternura
y llenarla de hastío e indiferencia,
en este tiempo hostil, propicio al odio».

Probablemente Luis Alberto de Cuenca coincidiría con Ángel González, ya que en su poema «En el supermercado» dice que «cualquier lugar es bueno para el odio, / hasta el supermercado» y te aseguro que en los versos que siguen a esos esa afirmación queda suficientemente demostrada.

Así que la próxima vez que te preguntes «¿Seré yo, señor?» dale una vuelta a la idea de que probablemente no seas tú, que sea el mundo.

¡Hasta la próxima entrega!

P. D.: Si quieres acompañar con música esta idea de que el mundo no nos pone fácil estar bien, tal vez deberías escuchar la canción «Llevar-nos cada matí» de Pau Vallvé.

# Treguas

Cuando no es una cosa es otra, ¿verdad? A veces da la sensación de que no merece la pena solucionar los problemas. ¿Para qué? Si tan pronto acabemos con uno otro va a ocupar su lugar. A lo mejor te has encontrado dentro de ese curso de pensamientos en alguna ocasión. A mí me pasa con frecuencia.

En esas ocasiones, con la mejor de las intenciones, me han recomendado «poner las cosas en perspectiva», ver mis problemas dentro de un conjunto más amplio. Entiendo la intención, pero eso a mí no me sirve: desde lejos mis problemas se ven más pequeños, pero siguen siendo problemas. Lo que me funciona (y no siempre) es mirar de cerca, pero hacia otro lado. Volver a esa zona de confort, a esos lugares seguros que he ido construyendo en mi vida y que hacen las veces de refugio en medio de las tempestades.

Escribí el poema que comparto hoy contigo en uno de esos momentos, mientras veía dormir a la que entonces era mi pareja. Acudí al dormitorio muerta de ansiedad por algo que aún no recuerdo y le vi descansar tan plácidamente que me dio pena despertarle. Así que le miré. Me centré en sus pestañas infinitas, que se agitaban mientras soñaba, en su respiración tranquila, en su serenidad. Me quedé observándolo un buen rato. Sentí que era muy afortunada por tener esos momentos de calma que se ven de cerca en medio del caos que es la vida vista en su totalidad. Y entonces, desde esa tregua, escribí esto:

## TREGUAS

Tu respiración se acompasa
al latido del tiempo.
Duermes
y yo te observo
a galaxias de distancia,
amándote en silencio
      —despertarte se me antoja un crimen
      contra la esperanza—.
En la quietud de tu postura,
en el temblor de tus pestañas cuando sueñas,
en el tiempo acumulado en tus ojos,
en las mantas que dibujan tu silueta
descubro una certeza:

BEATRIZ MINAYA

Puede que no exista la paz,
pero nos quedan las treguas.


En este poema, de nuevo, vuelvo a llevarle la contraria a Jaime Sabines (1926-1999)[4], quien, en un poema que empieza «No quiero paz, no hay paz, / quiero mi soledad» parece no tener en cuenta que, si bien a veces, como decía Sartre, el infierno son los otros, también pueden ser un pedazo de paraíso.

Luis Alberto de Cuenca, en cambio, parece coincidir conmigo. En su poema «Vamos a ser felices» pide a su amada que sean felices un rato, por mucho que el mundo lo ponga difícil, aunque sea para que graben en su lápida lo siguiente:

«Aquí yacen los huesos de una mujer y un hombre
que, no se sabe cómo, lograron ser felices
diez minutos seguidos».


Evidentemente, el poema merece una lectura completa, así que te animo a que lo busques y lo leas.

---

[4] Ya lo hice en *Poesía bonita y que se entiende. Antología comentada de poesía actual inédita y desconocida* (Maresía, 2023), con mi poema «Memoria».

No obstante, si no eres de esas personas que buscan treguas, sino de las que prefieren poner las cosas en perspectiva, te recomiendo que leas el poema «Al cabo», de Amalia Bautista, en el que la poeta dice, entre otras cosas, que el recuento de lo que es verdaderamente importante en la vida es bastante breve:

«Al cabo, son poquísimas las cosas
que de verdad importan en la vida:
poder querer a alguien, que nos quieran
y no morir después que nuestros hijos».

Y sí, por supuesto que este poema, como todos los que comparto contigo, merece ser también leído completo, así que te dejo ya para que empieces tus tareas de investigación poética.

Hasta la próxima entrega. Cuídate mucho.

P. D.: Si hablamos de personas que son paz, la canción que se me viene a la cabeza y que te recomiendo es «Tencontrao» de María José Llergo. Espero que te guste.

# No me dejéis sola en el metro

De: Beatriz Minaya
Para: Ti

**15 de junio**

---

Como ya te dije en otra entrega de este boletín poético, soy una persona capaz de enamorarse varias veces al día. Evidentemente no hablo de amor eterno ni nada que se le parezca; hablo del flechazo, del momento en el que sientes que el corazón empieza a temblar y a encogerse sobre sí mismo para después explotar.

Me parece una capacidad maravillosa para hacer escapadas de la rutina, pues los flechazos son grandes motores para la fantasía y para escribir poemas. De hecho, este poema lo escribí recordando uno de esos flechazos. Ocurrió en el metro de Valencia, volviendo de la facultad. Imagina cómo de fuertes son mis flechazos que uno de ellos, años después, no solo es capaz de ponerme a escribir, sino que también consigue hacerme sonreír cada vez que lo recuerdo:

## NO ME DEJÉIS SOLA EN EL METRO

No me dejéis sola en el metro.
Podría, yo qué sé...
Enamorarme.
Mirar a los ojos a esa chica
esta vez
en lugar de dejarme hechizar
por su vestido
y decirle entre pestañeos que
hoy no voy a conformarme
con otear el paraíso
desde las escaleras mecánicas.

No me dejéis sola en el metro.
Podría, quizás,
formar un gobierno alternativo.
La soñolienta estudiante de Medicina,
la asistenta que soñó otra vida
al otro lado del océano,
el escolar con libros de segunda mano,
el parado que vuelve sin pan a sus dos hijos,
el niño que aún no sabe qué es ser hombre,
la adolescente que hoy ha aprendido
qué es el miedo.
Sería hermoso,

un gobierno de dignidades heridas
que gobierne para sanar
y no a la inversa.

No me dejéis sola en el metro.
Podría, tal vez,
hacer una locura.
Dar un golpe de Estado con mi gobierno,
autoproclamado por necesidad,
y empezar a desfacer entuertos
como hacen los locos de bien.
Después, con todo ya en orden,
habrá que tomar medidas urgentes,
no sé...
Tal vez dilatar los tiempos de espera.
Hay gente que sueña en los andenes.

Lo de tener flechazos con personas desconocidas no sé si me viene por lo de la poesía o por otra parte. Sé, desde luego, que entre los poetas no soy la única que fantasea con amores que no hay manera de que sean correspondidos. Por ejemplo, Pedro Salinas (1891-1951), en uno de sus poemas más conocidos, dice:

«¡Si me llamaras, sí,
si me llamaras!

Lo dejaría todo,
todo lo tiraría:
los precios, los catálogos,
el azul del océano en los mapas, […]
Tú, que no eres mi amor,
¡si me llamaras!».

Por su parte, Rodolfo Serrano (1947) —padre de Is-mael Serrano y autor de algunas de sus letras— tiene un poema titulado, directamente, «A una mujer desconoci-da». Empieza así:

«Para ti que no sabes de mi vida
y vienes, sin embargo, cada noche».

Algo parecido escribe Luis García Montero en su poema «Aunque tú no lo sepas», origen de la maravillo-sa canción del mismo título (que te recomiendo) com-puesta por Quique González:

«Aunque tú no lo sepas te inventaba conmigo,
hicimos mil proyectos, paseamos
por todas las ciudades que te gustan,
recordamos canciones, elegimos renuncias,
aprendiendo los dos a convivir
entre la realidad y el pensamiento».

Pero, en realidad, el boletín poético de hoy no va tanto de enamorarse de desconocidos como de atreverse a soñar todos los días para ensanchar los límites de nuestra existencia. Algo parecido a lo que dice Aurora Luque en su poema «Fruta del día»:

> «Tienes que vivir vidas. No la tuya,
> no sólo la acordada,
> también las aledañas, las pospuestas,
> las previas, las futuras».

Voy a despedirme ya, con esta idea: atrévete a soñar también cuando no estás durmiendo, cualquier lugar es bueno. Hasta un andén de metro, ya ves. Es otra forma de poner poesía en nuestras vidas y quién sabe si hasta de empezar a cambiar el mundo.

Espero que llegues a mi próximo boletín con un buen cargamento de fantasías. Hasta entonces.

# El secreto

De: Beatriz Minaya **1 de julio**
Para: Ti

Aunque pueda parecer lo contrario por la incontinencia verbal de la que hago gala en estas cartas, soy una persona bastante hermética. Desde muy pequeña siempre he tenido la sensación de que el lenguaje es bastante insuficiente, en general, para comunicar lo que siento y me pasa (lo cual no deja de tener su gracia, teniendo en cuenta que escribo poesía). Por eso suelo callarme las cosas importantes: me da miedo intentar expresarlas y que no me entiendan o, lo que es peor, que a nadie le importe. Y sí, callando una se evita esos peligros. Pero también puede llegar a sentirse muy sola.

De ello habla el poema de hoy:


**EL SECRETO**


No matar el secreto: cobijarlo.
Hacerle un hueco en el pecho.
Que no le falte de nada:

regarlo de tanto en tanto,
abonarlo con las peladuras de los días,
observarlo los domingos, por si florece.
No sacarlo a la luz, tampoco
    —hay seres hechos para el interior—.
¿Qué bien haría? No hay caso:
solo a mí me pertenece.
Dejarlo crecer aquí debajo
esperando a ver si me transforma
o me destruye.

Ya te he dicho en alguna ocasión que un lector de poesía jamás se siente solo. Como yo, muchos otros autores han encontrado razones para guardar silencio. Una de ellas podemos encontrarla, por ejemplo, en un poema de Chantal Maillard (1951), en el que la poeta dice que

    «No somos libres de enseñarle
    a nadie
    lo que importa».

Otra razón puede ser que, como decía, a veces hablar parece inútil. ¿Para qué? Si no nos van a entender… Algo así se desprende del poema «Yo quisiera», de Idea Vilariño (1920-2009), que comienza con estos versos:

«Yo quisiera llorando
decírtelo
mostrarte
decirte destrucción
y que tú me entendieras».

Y tal vez tengamos razón. Tal vez sea imposible enseñar a nadie nada importante. Y tal vez no tenga sentido intentar que alguien nos comprenda porque algo así es imposible. Pero tal vez haya también razones para hablar. Como por ejemplo la que nos da Olalla Castro (1979) en uno de sus poemas:

«Empiezo a tropezar con las palabras.
[…] Oigo el sonido que sale de mí
y entiendo que no es más que un balbuceo:
un miedo que no alcanza a ser lenguaje.
Si me vuelvo incapaz de nombrarla
esta grieta crecerá hasta devorarme».

Así que, aunque no estoy del todo en contra de dejar madurar los secretos un tiempo prudencial, sé que a veces hay que ponerles nombre, comunicarlos, para evitar que se nos pudran dentro. Si el secreto se está volviendo veneno, es el momento de matarlo y convertirlo en algo compartido, por mucho miedo que dé. Tal vez a veces estamos menos acompañados de lo que creemos, pero casi nunca estamos tan solos como podemos llegar a creer en los peores momentos.

Cuídate mucho y hasta la próxima.

P. D.: La canción de hoy habla de cómo por querer fingir que todo va bien, por no querer dejar al descubierto nuestros secretos, podemos quedarnos solos. Se trata de «The great pretender», de Freddie Mercury.

# Mi Ítaca es un cuerpo  ↶ ↞ ↷ ⋯

**15 de julio**

Para: Ti

---

Los seres humanos no estamos anclados al suelo. Si digo esta obviedad es para resaltar el detalle de que podemos movernos. Quizá por eso a veces necesitamos alejarnos del entorno conocido, explorar, vivir aventuras de diferente intensidad. Sin embargo, aunque no tengamos raíces literales, sí que creo que tenemos una cierta necesidad de raíces metafóricas. No hablo tanto de un sentimiento de pertenencia a un determinado territorio, sino más bien de esos lugares a los que volver, esos espacios seguros en los que nos sentimos acogidos. En mi caso, esos espacios seguros suelen ser personas.

Es de eso de lo que hablo en el siguiente poema:

## MI ÍTACA ES UN CUERPO

*No quiero más que estar sobre tu cuerpo*
*como lagarto al sol los días de tristeza.*
JOSÉ ÁNGEL VALENTE

En ocasiones Ítaca es un cuerpo
sobre el que poder yacer en los días tristes
con el salitre del cinismo aún en la piel
y resonando todavía en los oídos las sirenas.

La épica la dejo para otros.
Yo me quedo con tus treinta y cinco coma
                              [nueve grados
y con esa manera tuya de convencerme
de que por fin he vuelto a tierra firme.


En este poema, además del eco de los versos de José Ángel Valente (1929-2000), puede encontrarse, sin ningún lugar a dudas, la referencia a un gran poema: la *Odisea* de Homero. Las referencias sacadas de la *Ilíada* y la *Odisea* forman parte de nuestra cultura y las utilizamos de manera natural, así que creo que no está de más recordar que ambas obras son poesía.

Los ecos de la *Odisea* llegaron, también, a Konstantino Kavafis (1863-1933) y supo darles forma tan bien que hoy en día, cuando se habla de Ítaca, se piensa en Homero y en Kavafis. Su viaje a Ítaca tiene poco que ver con la búsqueda de un lugar seguro. El inicio de su poema es toda una declaración de intenciones:

«Si vas a emprender el viaje hacia Ítaca,
pide que tu camino sea largo,
rico en experiencias, en conocimiento».

Unos versos que pueden convencerte de que las personas son Ítacas los encontramos en la obra de teatro *Bodas de sangre*, de Federico García Lorca (1898-1936), la cual te recomiendo encarecidamente. Hay un fragmento en el que Leonardo y la Novia hablan de lo inevitable de su amor. Él se dirige a ella con estos versos:

«Porque yo quise olvidar
y puse un muro de piedra
entre tu casa y la mía.
Es verdad. ¿No lo recuerdas?
Y cuando te vi de lejos
me eché en los ojos arena.
Pero montaba a caballo
y el caballo iba a tu puerta».

Y es que hay personas a las que nos sentimos atraídos sin poderlo evitar y por las cuales atravesaríamos mares y lucharíamos con monstruos si hiciera falta. ¿Cómo no hacerlo, si a su lado encontramos lo más parecido a la paz que este mundo puede brindarnos? Creo que el poema «Menos tu vientre» de Miguel Hernández (1910-1942) ejemplifica bien lo que quiero decir. A él pertenecen estos versos:

«Menos tu vientre
todo es oculto,
menos tu vientre
todo inseguro,
todo postrero
polvo sin mundo».

Con estos versos me despido. Espero que tengas localizada tu Ítaca y que puedas reposar allí hasta la próxima entrega de este boletín poético.

Cuídate.

P. D.: Hoy las recomendaciones musicales son versiones de poemas que cito en esta entrega del boletín poético. La primera es «Bodas de sangre», de Pata Negra. La segunda, «Menos tu vientre», de Joan Manuel Serrat. Espero que las disfrutes.

# Poderes

De: Beatriz Minaya         **1 de agosto**
Para: Ti

¿Tienes la suerte de vivir en algún sitio donde se vean las estrellas? Recuerdo que yo, acostumbrada al cielo de mi pueblo de la Manchuela conquense, me moría de pena cuando miraba el cielo de Valencia, nunca completamente oscuro, con un tono amoratado, que hacía que el cielo se viese casi vacío. Vivir en un pueblo tiene sus inconvenientes, pero el maravilloso cielo nocturno es, desde luego, una ventaja.

Desde bien pequeña me ha gustado mirar la noche. De hecho, tengo una anécdota bastante graciosa. Las noches de verano en el campo van acompañadas siempre del canto a coro de los grillos. Tantos grillos juntos suenan como una especie de zumbido. Pues bien: yo pensaba que ese ruido lo hacían las estrellas al parpadear. No es extraño: el sonido y el parpadeo de las estrellas ocurrían a la vez, para una niña pequeña es fácil hacer esa conexión.

Lo curioso de esta anécdota es que se me había olvidado por completo que hubo un tiempo en el que podía escuchar las estrellas hasta que, muchos años después, leí un poema de Eloy Sánchez Rosillo (1948) que hablaba justo de eso mismo. ¿Ves como quien lee poesía no puede sentirse absolutamente solo o raro? Ese poema y el recordatorio de esta anécdota me llevó a escribir el poema que sigue:

## PODERES

*Debo decir que cuando yo era niño*
*[...] podía oír la luz: se escuchaba allí arriba*
*como un rumor de enjambre laborioso.*
Eloy Sánchez Rosillo

Cuando yo era niña podía oír la luz:
me lo ha recordado hoy un poeta.
Escuchaba el titilar de los cuerpos celestes
en las noches rasas de estío
pero nunca lo conté. Ya sospechaba
que gozaba de un extraño privilegio.
No está permitido, al parecer,
cuando la vida sobrepasa cierto peso
transitar por los caminos que llevan a la magia.

Dime tú: ¿has oído el ruido de las estrellas
o tu inocencia te otorgó otro poder secreto?
¿Hablar con las aves, tal vez?
¿Ser capaz de localizar las casitas de los gnomos?
¿Encontrar en el silbido del viento
la lengua de una raza ya olvidada?
Cuéntamelo, por favor, te lo ruego
que empieza a hacer mucho frío
y tengo hambre y sed de infancia.

Es fácil mirar a la infancia con nostalgia. Por lo general, la vida no se hace más fácil. Siempre me ha conmovido este fragmento de los *Diarios* de Alejandra Pizarnik:

«Y yo me cubro, yo me envuelvo, me mezo en mi nostalgia preferida, me abrazo a la almohada y lloro, me avergüenzo de mi edad y no comprendo por qué, tan de repente, ya no soy una niña».

Pero lo cierto es que no todas las infancias son igual de felices y de eso también ha hablado la poesía. Por ejemplo, tenemos el poema «El niño yuntero», de Miguel Hernández:

«Contar sus años no sabe,
y ya sabe que el sudor

es una corona grave
de sal para el labrador.
[...]
Cada nuevo día es
más raíz, menos criatura,
que escucha bajo sus pies
la voz de la sepultura».

O también el poema de Ana Pérez Cañamares que comienza con el verso «Pocos saben que tengo otra hermana» y que habla de la suerte de las niñas y mujeres en otras partes del mundo:

«El azar nos separó al nacer.
Yo mamaba leche de mi madre
mientras ella se secaba al sol.
Cuando perforaron mis orejas
ella recibió la ablación del clítoris».

Pero, en cierta manera, a pesar de todo lo dura que puede ser la infancia de alguien, hay algo en ella, tal vez la inocencia, que nos permite mirarla con nostalgia. Pienso en eso cuando escucho a mi padre, que podría haber sido protagonista de algún poema de Miguel Hernández, contarme historias de su niñez. Algo así dice Cristina Peri Rossi en su poema «Infancia»:

«Y mientras todo estaba junto
el dolor era imposible».

BEATRIZ MINAYA

Te deseo que puedas volver, aunque sea por instantes, a ese momento en el que las cosas no dolían o, si lo hacían, era de otra manera.

Hasta la próxima.

P. D.: Hoy mi recomendación musical también es la adaptación de un poema de Miguel Hernández por Joan Manuel Serrat. En este caso se trata de «El niño yuntero», anteriormente citado.

# Pudor

De: Beatriz Minaya · · · · · · · · · · **15 de agosto**
Para: Ti

Es curioso ver qué cosas callamos y cuáles decimos sin pensarlo demasiado. De vez en cuando practico con mis alumnos un ejercicio que consiste en escribir en papeles, de forma anónima, cosas positivas de sus compañeros: les cuesta muchísimo. Y no porque esas cosas buenas no existan, sino porque, al parecer, estamos mucho más entrenados para sacar defectos, a pesar de que lo primero haría mucho bien y lo segundo, en muchas ocasiones, solo hace daño.

Esta reflexión puede extenderse a otras situaciones. ¿Has pensado alguna vez en lo ridículo que es lo que tardan en decirse «te quiero» en las obras de ficción anglosajonas? Desde luego, le dan mucha más importancia que a decirle a alguien que lo odian. También podríamos hablar de cómo se considera indecente y dañino ver a dos personas en una película alcanzando cierto nivel de intimidad (que puede llegar a ser un simple beso, dependiendo de quiénes sean los personajes y los ojos que miren) mientras se muestran cadáveres en los informativos sin demasiado problema.

Total, que he llegado a preguntarme si no nos habrán puesto el pudor donde no es. Si no nos han enseñado bien de qué debemos avergonzarnos. De ese pensamiento surgió el poema que te traigo hoy:

## PUDOR

Tal vez sea por nuestro bien
ese silencio impuesto a los deseos
 —a parte de ellos, al menos,
 los que más suelen agitar nuestras entrañas—.
No pueden decirse, no,
si con solo pensarlos se hace aceite el aire
y se nos llenan los pulmones de ese algo viscoso
que nos enseñaron a llamar pecado.
Qué pasaría si se unieran la voz y las ideas,
si llegasen a saber... Qué pasaría...
Quizá el mundo como lo conocemos,
que solo vale la pena,
se dejaría enterrar gustoso
por la locura y la alegría.

Este poema está influido por aquel de Luis Cernuda (1902-1963) que comienza así:

«Si el hombre pudiera decir lo que ama,
si el hombre pudiera levantar su amor por el cielo
como una nube en la luz».

Me gusta mucho leerlo en clase e intentar hacer a mis alumnos averiguar por qué el poeta no siente que pueda decir lo que ama. Lo creas o no, les lleva un rato y, cuando finalmente alguien lo averigua, suele ser una persona que está o ha estado, en cierto modo, sometida al mismo sentimiento y que, aunque ha entendido el poema desde el principio, no ha querido hablar. Casi 100 años más tarde, todavía el hombre y la mujer sienten a veces que no pueden decir lo que aman... Qué cosas.

Así que, para darle la vuelta a ese pudor mal puesto, voy a compartir algunos poemas eróticos. Cristina Peri Rossi los tiene buenísimos. Por ejemplo, hay uno del que te quiero compartir el inicio y el final:

«Silencio.
Cuando ella abre sus piernas
que todo el mundo se calle.
[...] Orad: ella ha abierto sus piernas.
Todo el mundo arrodillado».

No puedo dejarme fuera, en este renegar del pudor mal situado, la revisión que hace Luis Alberto de Cuenca del tópico literario *collige, virgo, rosas*. Este tópico consiste en una arenga a las muchachas a disfrutar de su juventud mientras dure, si bien no suele entrarse en lo carnal tan explícitamente como lo hace este poeta. Para muestra unos versos:

> «Goza labios y lengua, machácate de gusto
> con quien se deje y no permitas que el otoño
> te pille con la piel reseca y sin un hombre
> (por lo menos) comiéndote las hechuras del alma.
> Y que la negra muerte te quite lo bailado».

Creo que no merece la pena que añada mucho más: coge las rosas y disfruta su fragancia antes de que se marchiten, que ya sabes lo rápido que pasa el tiempo y las ocasiones. Precisamente por eso seguro que el tiempo hasta la próxima entrega se te pasa volando.

¡Hasta entonces!

P. D.: Hoy te recomiendo una canción que habla de deseo y que me parece tremendamente sensual. Se trata de «Di mi nombre. Cap. 8: Éxtasis» de Rosalía. Si puedes, échale un vistazo al videoclip, que no tiene desperdicio.

BEATRIZ MINAYA

# He kindly stopped for me

De: Beatriz Minaya
Para: Ti

**1 de septiembre**

---

La muerte es uno de los temas clásicos de la poesía. No puede ser de otra manera porque, parafraseando a Dani Rojas, *poetry is life*[5] (la poesía es vida) y le concierne todo aquello que es parte de la vida. Y, si no entramos en profundos debates filosóficos sobre si la muerte es de hecho parte de la vida o no, podemos estar de acuerdo en que a los vivientes es algo que nos concierne.

La muerte es lo que hace que en nuestra vida casi todo tenga tanta importancia. Si fuésemos a vivir eternamente, ¿qué importaría esperar más a ver si esa persona corresponde nuestros sentimientos? ¿Qué más daría haber dicho o hecho una estupidez hoy? ¿Qué importaría escoger unos estudios o una carrera profesional concretos? Pero la cosa es que nuestro tiempo es limitado y,

---

[5] Por si no lo sabes, Dani Rojas es un personaje de la serie *Ted Lasso*. Suele repetir la frase «Football is life» (el fútbol es vida). Si esta nota te está dando información nueva, hazte un favor e intenta ver la serie. Es maravillosa.

además, no sabemos cuánto tenemos. Por eso hacemos montañas de lo que para un ser inmortal no llegaría a granos de arena.

Dicho esto, no te sorprenderá que piense bastante en la muerte. En el poema de hoy, en concreto, pienso en lo que me gustaría que quedase de mí cuando yo desaparezca. Y, como casi toda reflexión sobre la muerte, es, en realidad, una reflexión sobre la vida: sobre todo el tiempo que dedicamos a hacer cosas que no tienen demasiada trascendencia y el poco que nos queda para, realmente, vivir de forma apasionada:


## *HE KINDLY STOPPED FOR ME*

Negociar con la Muerte una tregua
—ya que la Vida no negocia con perdedores—
para asegurarme que, llegado el momento,
no quede tras de mí nada
que no se haya engendrado en embriaguez
y no haya nacido de un total abandono.
Serán unas moléculas apenas,
el ADN mismo del misterio,
la esencia de lo que fui
cuando pude permitirme ser yo misma.

Si sueles leer poesía seguramente el título te haya resultado familiar. Es un verso de la gran Emily Dickinson (1830-1886). Pertenece al poema que comienza así:

«Because I could not stop for Death –
He kindly stopped for me –».

Lo cual podría traducirse como:

«Porque no pude detenerme para la Muerte,
ella amablemente se detuvo por mí».

La muerte es un tema que se repite mucho en los poemas de Dickinson. Otro de mis favoritos es, por ejemplo, «I died for Beauty» («Morí por la Belleza»). No es una mala razón para morir, ¿no?

Hay un poema de Pavese (1908-1950) que creo que podría haberle gustado a Emily Dickinson. Comienza así:

«Vendrá la muerte y tendrá tus ojos–
esta muerte que nos acompaña
de la mañana a la noche, insomne,
sorda, como un viejo remordimiento
o un vicio absurdo».

Para acabar, te dejo unos versos de un poema que me encanta: «Cumpleaños», de Ángel González[6]. En él se habla del paso del tiempo y, leyéndolo, creo que podríamos aventurarnos a decir que González pensaría que la muerte sí es parte de la vida:

> «Para vivir un año es necesario
> morirse muchas veces mucho».

Supongo que lo único que podemos hacer es intentar que esas pequeñas muertes merezcan la pena.

Espero que eso sea lo que hagas hasta la próxima entrega del boletín poético.

Cuídate hasta entonces.

P. D.: Hoy te traigo dos canciones relacionadas con la muerte: una más solemne y emocional y la otra más alegre. La primera es «No pensar nunca en la muerte», de Mayte Martín. La segunda, «Canción final» de El Kanka. Espero que te gusten.

---

[6] Por si no se nota, en esta casa es verdadera devoción lo que hay por Ángel González.

BEATRIZ MINAYA

# Breve disertación comparativa acerca de la eficiencia y la eficacia

↶ ↞ ↷ ⋯

De: Beatriz Minaya
Para: Ti

**15 de septiembre**

---

Siempre tiendo a pensar que las cosas van a resultar bastante más difíciles de lo que suelen ser finalmente: tengo la tendencia a prepararme para lo peor para no llevarme decepciones. Y no se trata de un pesimismo gratuito, en absoluto. Ya sé que todos los pesimistas decimos que somos realistas y que la evidencia apoya nuestras expectativas. Pero es que suele ser así. Me ha ocurrido más de una, y dos, y tres veces que, tras lograr algo con cierta facilidad, el supuesto logro me ha estallado en la cara.

Pongamos como ejemplo el intento de «superar» a una persona, de dejar atrás ciertos sentimientos por ella, sea por la razón que sea. Suele ser algo duro, ¿verdad? Pero tal vez en alguna ocasión lo has hecho de manera relativamente fácil, ya sabes, como sin darte cuenta. De pronto descubres que ya no piensas en esa persona de la misma manera y sientes orgullo de haberlo conseguido. Hasta que suena una canción. O alguien dice su nombre.

Y te das cuenta de que, evidentemente, parecía fácil porque no estaba hecho todavía.

He escogido ese ejemplo, pero podría haber escogido cualquier otro: montar un mueble, arreglar el fregadero o solucionar un problema informático. Lo que ocurre es que el desamor es más poético, ¿no te parece? Tal vez tenga que intentar reescribir el poema que te traigo hoy con alguna de esas situaciones. De momento te dejo con este:

## BREVE DISERTACIÓN COMPARATIVA ACERCA DE LA EFICIENCIA Y LA EFICACIA

Fue muy fácil olvidarte.
Tan solo un par de poemas
y unos cuantos sueños húmedos
para rellenar los huecos.
No me hizo falta más.
Pero un día, sin previo aviso,
con las ventanas cerradas,
tu voz se cuela en mi casa
—¿qué podría hacer con tu voz?—
y lo desbarata todo.

BEATRIZ MINAYA

De pronto de los cajones
sale lo que no te dije
y que empujé con fuerza al fondo
y debajo de la cama
las pelusas rememoran
las veces que te nombré.

Aquello que se hace fácil
rara vez se hace bien.

Si hay algún seguidor de Ismael Serrano en la sala, tal vez haya encontrado en el poema ecos de la canción «Tu susurro». La canción tiene poco que ver con el olvido (aunque sí algo), pero la idea de una voz removiéndolo todo, abriendo los cajones y agitando las pelusas me parece muy evocadora. Puedes escuchar la canción a ver si encuentras las referencias.

Tal vez esa idea me resulte tan atractiva porque una voz puede tirar por tierra meses, incluso años, de trabajo de olvido. ¿Quién no se ha visto deseando, por piedad, que el olvido le sobreviniese por fin? Como en estos versos de Olga Valenzuela Albarrán (1974):

«Ayudadme, palabras,
a dar un rodeo

ante su rostro,
ayudadme a sonreír a mi destino.
No quiero escribir más poemas
pensando en él».

Ángeles Mora también habla, en cierto modo, del olvido en su poema «Conocimiento de las ruinas». Cuando lo leo pienso que cada cosa que tenemos que olvidar es un fragmento que nos arrancamos y que hace que cada vez nos parezcamos más a unas ruinas:

«… sucias fotografías y su pátina,
vagamente cubiertas por el té de la tarde…
Fechas que son rumor, sólo el murmullo
de lo que se ha acabado para siempre.
Duele mirar las ruinas, pues de pronto,
si te fijas despacio, te sorprenden.
Las ruinas son de aquí:
se me parecen».

Pero si tengo que recomendar un poema que mira al olvido a los ojos y lo manda a tomar viento es, sin duda, «Amor constante más allá de la muerte» de Quevedo (1580-1645), la muestra de que escribir poemas escatológicos no te incapacita para escribir uno de los poemas de amor más apasionados de la historia de la literatura:

«Cerrar podrá mis ojos la postrera
sombra que me llevare el blanco día,
y podrá desatar esta alma mía
hora a su afán ansioso lisonjera;

mas no, de esotra parte, en la ribera,
dejará la memoria, en donde ardía:
nadar sabe mi llama la agua fría,
y perder el respeto a ley severa.

Alma a quien todo un dios prisión ha sido,
venas que humor a tanto fuego han dado,
medulas que han gloriosamente ardido,

su cuerpo dejará, no su cuidado;
serán ceniza, mas tendrá sentido;
polvo serán, mas polvo enamorado.»


¿Y qué añado yo después de esto? Pues nada. Que he dejado el listón altísimo para la siguiente entrega de este boletín poético. A ver cómo salgo de este atolladero en el que me he metido solita.

Espero que te quedes a descubrirlo.

P. D.: Sobre la idea de comprobar que no era verdad que habías olvidado a esa persona, hoy te recomiendo la canción «Te vi en el concierto», de Niña Polaca.

# Fobia de impulsión

De: Beatriz Minaya                          **1 de octubre**
Para: Ti

---

El 10 de octubre es el Día Mundial de la Salud Mental. Me alegra que en los últimos tiempos la salud mental esté dejando de ser tabú, al menos en parte. Me parece importante que se empiece a decir con normalidad que no estamos bien. Y, aunque todavía falta para llegar a ese punto, creo que se están dando pasos: deportistas que se retiran (temporal o definitivamente) para cuidar de su salud mental, artistas muy reconocidos que hablan de que están pasando o han pasado momentos muy oscuros… La visibilización y la representación son importantes en todo aquello que cae fuera de la estrecha etiqueta de «normalidad».

No obstante, como en cualquier proceso de este tipo, se empieza a visibilizar lo más frecuente, lo más comprensible, lo que da menos miedo (que ya es mucho decir cuando hablamos de estas cuestiones). Se habla de depresión, de ansiedad, de fobias… Pero la salud mental tiene rincones mucho más oscuros. Por ejemplo, las ideaciones suicidas. Así que el boletín poético de hoy va a ir de eso. Si consideras que esto es un problema para ti, deberías dejar de leer después de la siguiente frase: las cosas pueden mejorar, no está todo perdido aunque ahora así lo sientas.

Y, ahora sí, vamos con el poema:

## FOBIA DE IMPULSIÓN

> *Ventanas*
> *para la mano trémula*
> *para la boca áspera y el*
> *espíritu en fuga.*
> CHANTAL MAILLARD

Me daban miedo los balcones:
eran demasiado tentadores
para mi espíritu en fuga.
Temía ceder al impulso
y saltar.
                    Sería fácil.
Casi podía verme
levantando torpemente
una pierna sobre la baranda
y luego otra.

BEATRIZ MINAYA

Quedarme allí,
suspendida sobre el mundo,
entonces por última vez,
respirar hondo y...
                    No lo hice.
No sé por qué, pero no lo he hecho
aunque aquel balcón lo suplicaba
como todos los que han venido luego.
A pesar de todo
he comprado un piso con balcón
para no perder la costumbre
de hacer funambulismo sobre el miedo,
transitar ese delgado cable
y recordar que cada día
sigo eligiendo la vida.


La poeta María Castrejón (1974) ha hablado de manera abierta y cruda de salud mental (o de su ausencia) en su poemario *La inutilidad de los miércoles.* Hay un poema en el que ella habla de episodios de disociación como una forma de alivio de su dolor (otro espíritu en fuga, como en el poema de Chantal Maillard) y de cómo el empeño de los que le rodean de traerla a su cuerpo le afectaba:

> «En muchas ocasiones parezco
> muerta La gente se asusta
> me mueve las manos que
> caen inertes No saben que viajo
> lejos de mi cuerpo que duele».

Ya hemos hablado de poetas que se han suicidado en alguna otra entrega del boletín poético. Creo que una de las notas de suicidio más bellas que se han escrito es la de Alfonsina Storni (1892-1938), en su poema «Voy a dormir». Nada más lejos de mi intención que romantizar el suicidio, en absoluto: cuando leo la paz que desprenden los versos de Storni me imagino cómo de inmenso debía de ser su dolor para que tomar la decisión de morir le diese paz. El poema empieza así:

> «Dientes de flores, cofia de rocío,
> manos de hierbas, tú, nodriza fina,
> tenme prestas las sábanas terrosas
> y el edredón de musgos escardados».

Y acaba con estos dos versos, que, sabiendo lo que sé, me parecen demoledores:

> «si él llama nuevamente por teléfono
> le dices que no insista, que he salido».

Creo que el componente que inclina la balanza hacia el desastre en cuestiones de salud mental es la soledad, bien real o bien sentida. Por eso, para alimentar la esperanza y recordar que, aunque sufrimos en soledad, siempre hay alguien que puede acompañarnos, aunque sea sufriendo juntos, dejo unos versos de Carmen Jodra Davó que me vienen a la mente cuando me siento extraña y sola:

«Que se venga conmigo.
Fundaremos un club de desequilibradas
y seremos felices».

Pues lo dicho, ¡bienvenidas las tristes y desequilibradas! No estamos solas.

Hasta la próxima, cuídate mucho.

P. D.: La canción de hoy es tan dulce que casi no parece que hable de salud mental, pero sí. Se trata de «Ceras rosas» de dani. Espero que la disfrutes.

# Bajo la lluvia

De: Beatriz Minaya

Para: Ti

**15 de octubre**

---

Siempre fui una niña muy obediente. Me afané con todas mis fuerzas por cumplir todas las normas y requerimientos para, de esa manera, ser digna del elogio de los adultos que me rodeaban. Esa tendencia se ha extendido durante buena parte de mi vida, de modo que, por no decepcionar a las personas que me rodean, he dejado de hacer cosas que me habría gustado hacer. En los últimos tiempos me he ido dando cuenta de que no es una buena política de vida y estoy intentando romper la inercia, pero lo cierto es que eso de recuperar el tiempo perdido es, en el mejor de los casos, un sucedáneo de la experiencia que nos dejamos sin vivir.

Aun así, no descarto saltar en los charcos algún día:

### BAJO LA LLUVIA

No recuerdo haber saltado en los charcos
—siempre sensata, siempre prudente,

siempre esclava de las miradas ajenas—.
Me daba miedo mancharme
y arrastrar una pesada mácula
durante el resto de mis días.
De poco o nada ha servido:
al final me alcanzó el fango
y no por voluntad mía.
No renuncies a ensuciarte:
de todas formas vivir salpica.


Evidentemente, no soy la única a la que le ha pasado esto. Recuerdo que cuando leí cierto poema de Idea Vilariño (el 10 de su poemario *No*) me sentí identificadísima. En él, haciendo referencia al episodio de la *Odisea* en el que Ulises se ata al mástil para resistir el canto de las sirenas, Vilariño habla de esa tensión entre querer hacer lo que se considera correcto mientras se desea otra cosa. Los últimos versos son tremendos:

«deseando que el viento lo voltee
que la sirena suba y con los dientes
corte las cuerdas y me arrastre al fondo
diciendo no no no
pero siguiéndola».

Otra de las cuestiones que motivan este tipo de comportamientos, además del querer complacer, es el intento de evitar el error. Supongo que porque el error es algo que nos enseñan a temer con todas nuestras fuerzas. Por eso me resulta tan reconfortante el poema «Fortuna» de Ida Vitale, al que pertenecen estos versos:

«Por años, disfrutar del error
y de su enmienda,
haber podido hablar, caminar libre,
no existir mutilada,
no entrar o sí en iglesias,
leer, oír la música querida,
ser en la noche un ser como en el día. [...]
Ser humano y mujer, ni más ni menos».

Creo que voy a dejarte con esa idea para ver si de aquí a la próxima entrega de este boletín te has atrevido a disfrutar de algún error y de su enmienda, si fuera necesaria.

Cuídate mucho hasta entonces.

P. D.: Hoy, para seguir hablando del error, te recomiendo una canción que creo que va bastante con el espíritu del poema de hoy. Se trata de «Me equivocaría otra vez» de Fito y Fitipaldis.

# At last

De: Beatriz Minaya
Para: Ti

**1 de noviembre**

---

La soledad tiene muy mala prensa, ¿no te parece? Supongo que, como todo, es cuestión de si se trata de algo que te viene impuesto o de algo que eliges. Yo misma, que soy una persona bastante solitaria, tengo una relación ambivalente con la soledad: aunque me aterroriza quedarme sola, hay veces que necesito hacerlo tanto como respirar. De nuevo, no es lo mismo pasar tiempo con una misma que estar (o sentirse) sola de manera permanente. Los matices son tan importantes…

Imagino que ya habrás adivinado que el poema de hoy tiene que ver con la soledad, así que mejor me dejo de preámbulos:


### AT LAST

Hay días, que pueden ser hoy o cualquier otro,
que tienen más horas que esperanza.
Los pies, los ojos, la voz

rinden homenaje a su derrota.
Tras la puerta se amontonan las máscaras
—he cruzado el umbral, piso mi suelo—
y el silencio se agolpa en el espacio
como la sangre en la herida.

Nadie me espera. No importa.
La soledad me tiene cogida la medida.


El título del poema viene de la canción «At last» de Etta James e intenta darle la vuelta. En la canción, la voz poética se alegra de que *por fin* se han acabado sus días de soledad. En el poema, en cambio, suspira de alivio porque por fin está a solas, en casa.

Idea Vilariño tiene un poema que se titula «Volver» y que, como mi poema, no habla de «volver, volver, volver, a tus brazos otra vez»[7], sino de volver a su casa, a sus sábanas, a sus cortinas… Y es que, como en casa, en ningún sitio:

> «Quisiera estar en casa
> entre mis libros
> mi aire mis paredes mis ventanas

---

[7] En este caso la canción es de Vicente Fernández.

BEATRIZ MINAYA

mis alfombras raídas
mis cortinas caducas».

¿Cómo no vamos a querer volver a casa? La casa es nuestro espacio seguro. Por eso, invitar a alguien a nuestra casa es algo tan íntimo, tan importante. Por eso, no puede entrarse en la casa de alguien de cualquier manera. Ya lo dice Ana Patricia Moya (1982) en su poema «El templo»:

«Se entra en mi casa
como se entra en mi vida
no busques jamás la puerta trasera
ni fuerces la cerradura

*ten paciencia*

si decido entregarte la llave
te recibiré con todo lo que tengo».

También habla de la casa (en concreto de la cama) como un lugar seguro Julia Navas (1966) en su poema «El refugio». En este caso, es el lugar desde el que contemplar la realidad y adentrarse en las fantasías:

«Cada noche buscas el refugio de las sábanas,
la cueva en la que te escondes
y repasas los renglones de tu vida:
[…] la factura excesiva que merma tus ahorros;

el último agravio y, también,
todo lo que alienta la lucha diaria».

Así que, si eres de esas personas que cierran la puerta de casa, suspiran y murmuran un «por fin», espero que haya quedado claro que no eres la única. De todas maneras, aunque te guste mucho tu soledad espero que eso no impida que volvamos a encontrarnos en la próxima entrega del boletín poético…

¡Cuídate mucho hasta entonces!

P. D.: Además de las canciones «At last» de Etta James y «Volver, volver, volver» de Vicente Fernández, te voy a dejar una recomendación más. Es una canción que narra la historia de una mujer que vive un día de esos «que tienen más horas que esperanza», como digo en mi poema. Solo que ella, al final, no vuelve a casa. Me refiero a «Madrid en la actualidad», de Amaro Ferreiro. Espero que te guste.

# ¡Qué pena!

↩ ↩ ↪ ⋯

De: Beatriz Minaya
Para: Ti

**15 de noviembre**

---

Los seres humanos estamos predispuestos a juzgar. No es algo malo *per se*: vivir requiere evaluar constantemente nuestro entorno y emitir juicios sobre lo que percibimos. ¿Este alimento es comestible todavía o debería tirarlo? ¿Esta persona está siendo honesta o quiere algo de mí? ¿Este trabajo me conviene o me está haciendo más daño que bien?

Es una tendencia tan natural que a veces nos sorprendemos elaborando juicios sobre cosas que ni nos van ni nos vienen y eso tampoco es malo en sí mismo, a veces no se puede evitar. Lo que sí se puede decidir es qué se hace con ellos. Por ejemplo, no tenemos por qué expresarlos cuando, como he dicho, son algo que ni nos va ni nos viene y nadie ha pedido nuestra opinión. O, por ejemplo, cuando nos sorprendemos gestando un juicio sobre otra persona en nuestras mentes, podemos hacer un ejercicio de *toma de tierra*, por así decirlo, y recordar que no vivimos ni hemos vivido la vida de esa persona y que no viviremos las consecuencias de sus acciones, que no conocemos las circunstancias que rodean la situación que estamos juzgando y que, por supuesto, lo que se ve no es todo lo que hay. A veces lo que se ve ni siquiera se parece a lo que hay.

Tal vez esto haya resonado en ti si en algún momento has sentido que caían sobre ti los juicios injustos de terceras personas. Yo recuerdo lo difícil que fue para mí lidiar con los juicios de otros durante una de mis depresiones. En esa situación de vulnerabilidad, que la gente te deje ver (cuando no te lo dice, directamente) que lo tienes todo para ser feliz y que si no lo eres es cosa tuya no es algo precisamente agradable. Fue en un momento de lucidez durante esos tiempos tan oscuros cuando escribí este poema:

### ¡QUÉ PENA!

Llueve afuera. Aquí palpo la grieta
que se me ha abierto de pronto.
Reconozco el temblor de mis entrañas, el
                                    [vértigo
más propio ante un acantilado que ante un
                                    [camino.
Sé que caeré. Lo sé. Lo sé aunque sea mentira,

aunque no haya distancia entre mis suelas y el
[polvo
y sé que no habrá entonces quien corra a coger
[mi mano
y que mis huesos intactos escucharán los
[murmullos
de quienes, por no tener fondo, no temen a las
[alturas:
«Se lo buscó, es así, no podía ser de otra forma:
tenía todo para ser feliz menos las ganas.
[¡Qué pena!».

Supongo que sentirse incomprendida no es algo raro, pero es algo aún más común cuando convivimos con el dolor. El dolor es una cosa tan privada, tan personal… Y, además, parece que algunos dolores son más comprensibles que otros, claro. Que alguien se queje de que le duele una pierna que se ha partido es algo sobre lo que difícilmente nadie va a levantar una ceja. Pero que te duela vivir… Eso ya es otra cosa.

No obstante, como ya he dicho otras veces en este boletín poético, la poesía me da pruebas de que no soy la única a la que le ha pasado. Por ejemplo, Alejandra Pizarnik en su poema «Noche» se pregunta ella misma para qué vivir, aunque los datos objetivos indiquen que tiene motivos para ser feliz:

> «¡Pudiera ser tan feliz esta noche!
> Aún quedan ensueños rezagados.
> ¡Y tantos libros! ¡Y tantas luces!
> ¡Y mis pocos años! ¿Por qué no?
> La muerte está lejana. No me mira.
> ¡Tanta vida Señor!
> ¿Para qué tanta vida?».

A veces, para evitar las opiniones de los otros sobre nuestra vida nos ponemos la máscara de «todo va estupendamente». Puede parecer más fácil, pero no sé si lo es. ¿Qué nivel de soledad puede caer sobre una persona cuando siente que se está muriendo poco a poco y que nadie se da cuenta? En relación con esta idea de morirse sin que nadie se entere, te recomiendo el poema «La otra», de Pedro Salinas:

> «Se murió porque ella quiso.
> [...] Nadie lo notó. Su traje
> seguía lleno de ella,
> en pie, sobre sus zapatos,
> hasta las sonrisas frescas
> arriba en los labios. Todos
> la vieron ir y venir,
> como siempre».

Luego están, claro, los que te dicen que lo que no te mata te fortalece, que de esto saldrás mejor. En esos momentos me dan ganas de lanzarles a la cara el poema «El dolor», de Amalia Bautista:

«El dolor no perdona ni inmuniza,
no fortalece o dulcifica el alma,
no crea nada y nada lo destruye».

Pero es cierto que el dolor tiene su función. No la de fortalecer ni hacernos mejores, en absoluto, sino meramente la de recordarnos que seguimos vivos y que hay algo que va mal y que tenemos que afrontar. Como dice Juanma Ruiz (1982) en su poema «Hidalgo»:

«La vida son cuidados paliativos,
doler es constatar que combatimos».

Aun así, espero que de aquí a la próxima entrega de este boletín poético la vida no te duela demasiado. Y si no, al menos, que el dolor sea soportable.

Hasta entonces.

P. D.: Si tengo que recomendarte una canción sobre gente opinando donde no debería, la que se me viene a la mente es «La niña de fuego» de Manolo Caracol. Si prefieres una versión más actual siempre puedes escuchar la de Miguel Poveda.

# Un juego cooperativo    ↶ ↞ ↷ ⋯

De: Beatriz Minaya      **1 de diciembre**
Para: Ti

---

Si eres una persona precavida, probablemente este consejo llegue tarde, pero el otro día estaba pensando en la compra de regalos de Navidad y caí en que un buen regalo puede ser un juego de mesa, ya que es algo que hará que la familia se implique en una actividad y pase tiempo junta. Mis favoritos, de hecho, son los llamados juegos cooperativos. Son juegos en los que los jugadores no compiten entre sí, sino que tienen que colaborar para conseguir un objetivo común, ya que o ganan todos o pierden todos. Siempre me han gustado porque permiten que cada uno aporte lo que tiene a la partida, de modo que es difícil sentirse «inútil», y, sea cual sea el resultado, la victoria o el fracaso son compartidos, lo cual hace que la situación siempre sea mejor.

Hace algún tiempo me sorprendí pensando que las relaciones de pareja (o, tal vez, cualquier relación) son un juego cooperativo: se gana o se pierde juntos, así que para intentar conseguir la victoria hay que aportar lo mejor que se tiene y ver qué pasa porque incluso así no está garantizado el triunfo.

Espero que el poema te guste:

## UN JUEGO COOPERATIVO

Tus manos acuden a mí y es tan dulce
el sabor del aire cuando vienes en mi auxilio...
Tanto que la aspereza de la vida
parece tornarse, de pronto, de algodón.
Así es siempre: tu voz, tus manos,
asistiéndome en mis problemas
       —los que me busco y los que me
               [encuentran—
como si no tuvieras más quehaceres,
como si no hubiera ya vida tuya, vida mía,
sino una ristra interminable de acertijos
que hemos de resolver entre los dos.

Al final esta idea del juego cooperativo descansa sobre esa idea tan manida, pero no por ello menos cierta, de que el amor se hace. A todos nos gusta un flechazo, un enamoramiento intenso, esas chispas que, a veces, prenden un fuego duradero. Pero mantener ese fuego requiere, entre otras cosas, trabajo. Aurora Luque, en su

BEATRIZ MINAYA

poema «La deconstrucción o el amor», le da una vuelta a esta idea: no cree que el amor se haga, sino que el amor es deshacer el hueco que el no-amor deja, llenarlo de otras cosas:

«Amar es destruir: es construir
el hueco del no-amor,
amueblar con milagros la pira trabajosa
echando al fuego lenguas, carne de ojos vencidos,
piel jubilosa, dulce, nucas saladas, hombros temblorosos,
incinerar silencios y comprobar la altísima
calidad combustible del lenguaje».

Sea como sea, es maravilloso cuando el trabajo da frutos. Ya intenté expresarlo en mi poema «Bajo las jacarandas»[8]: quería apresar la magia de una pareja de ancianos queriéndose, acariciándose, recordándome que hay amores que sí duran. Pero hoy no te voy a compartir otro poema mío, sino uno de Amalia Bautista, que parece igual de maravillada que yo con la idea del amor que no se marchita con el tiempo. Se titula «Cuéntamelo otra vez» y empieza así:

«Cuéntamelo otra vez, es tan hermoso

---

[8] Publicado también en *Poesía bonita y que se entiende* (Maresía, 2023).

que no me canso nunca de escucharlo.
Repíteme otra vez que la pareja
del cuento fue feliz hasta la muerte».

¿Cómo no va a ser emocionante? Imagino que un amor así debe darte una sensación de paz enorme, como de que, si toda tu vida te ha llevado a esa persona, todo lo que ha pasado tiene sentido. O tal vez de satisfacción, al saber que te subiste al tren correcto. Algo así como la sensación que se desprende de estos versos de Carmen Jodra Davó:

«hasta que nos vayamos, ya sin aquella
angustia ni aquella indiferencia,
sino serenos, porque lo tuvimos todo, se nos dio todo y lo
[tomamos».

Espero que esa sensación te acompañe hasta la próxima entrega de este boletín poético: la de que has tomado todo lo bueno que la vida te ofrecía.

Cuídate hasta entonces.

P. D.: La canción de hoy tenía que estar relacionada con juegos de mesa, así que espero que te guste «Risk» de Tontxu que, además de ir de juegos de mesa, también va de enamorarse.

BEATRIZ MINAYA

# Y aun así    ↶ ↞ ↷ ⋯

De: Beatriz Minaya
Para: Ti

**15 de diciembre**

Llegamos ya al final del año y, no sé a ti, pero a mí el final de año me hace pensar en las cosas que se acaban, en las fechas de caducidad. Supongo que pienso un poco en todo porque ¿qué queda de inmarcesible en este mundo?

Esto, si nos pilla con el pie un poco cambiado, puede ser bastante triste. Recuerdo que hace tiempo leí un poema de Rosario Castellanos (un fragmento del cual acompaña a mi poema de hoy) en el que la poeta se lamentaba de no poder volver a amar porque el amor es también perecedero, mundano. Al acabar de leerlo recuerdo que fui poseída por una rebeldía salvaje. Con todo mi respeto a Rosario Castellanos (1925-1974) y su obra, que es una poeta que realmente me encanta, mi respuesta a su poema fue un «Sí, ¿y qué?». Por supuesto que el amor se acaba. Claro que las cosas hermosas son escasas y, además, efímeras. ¿Y qué? ¿Eso hace que no merezca la pena desearlas, buscarlas, crearlas? Creo que no. Y, de nuevo, reitero que no tengo nada contra el poema de Rosario Castellanos porque un día pesimista tras el desamor lo tiene cualquiera (y dos, y tres, y cuatro…).

Así que así es como quiero acabar este año de boletín poético: animándote a buscar la hermosura a pesar de todo, a no renunciar a los fuegos artificiales porque se acaben. No nos merecemos una vida *beige*, ¿no crees?:

## Y AUN ASÍ

> *Ya nunca podré amar ni aun en el sueño*
> *porque una voz insobornable grita*
> *y su grito vacía mis entrañas:*
> *«¡El amor es también polvo y ceniza!»*
> Rosario Castellanos, *VI, Trayectoria del polvo.*

Fuera de nuestro alcance lo divino.
Nada inmaculado tras rozarlo nuestros dedos.
Todo lo humano huele a hollín;
su aspereza constante, cuando disminuye,
es justo lo que llamamos suavidad
porque hemos florecido en la batalla
      —nacer es ser arrojado a una guerra—
y sabemos que ha habido y habrá tiempos peores.
Incluso el amor no es más que ceniza y polvo

cuando observamos lo que queda tras la llama.
Aun así, en el fango, buscamos la belleza
y elegimos arder porque es hermoso.

Te tengo que reconocer que ese último verso me encanta: «y elegimos arder porque es hermoso». No es útil, no es práctico, pero es bello. Soy una gran defensora de lo inútil, creo que es lo que nos separa de convertirnos en autómatas. Pero no soy la única. El poema «Lo inútil» de Pedro Salinas empieza así:

«Me haces falta en la vida
porque no eres el pan
nuestro de cada día».

Y no es que la hermosura, con todo lo que engloba, sea del todo inútil. A mí me ha salvado un día horrible en más de una ocasión. Podría decir que incluso me ha salvado la vida, pues si he seguido transitando épocas oscuras sin rendirme ha sido por esos destellos de belleza «inútil». Piedad Bonnett (1951) lo dice mejor que yo en su poema «Rosas»:

«Y su belleza, inútil como toda belleza,
sus espinas inocuas, hacen cerco

al corazón, guerrean
con la bestia que acecha en la tiniebla».

Supongo que hay personas, entre las que me cuento, que enarbolan la hermosura como un arma. Eso nos permite adoptar una cierta postura en el mundo, un cierto pesimismo esperanzado, por así decirlo. El maestro de esto es Ángel González. Por poner un ejemplo, aquí dejo unos versos de su poema «Vean lo que son las cosas»:

«Ya he celebrado mis bodas de oro con la vida
y, pese a ello, la amo algunas noches.

¿No es eso extraordinario?».

Pero por no volver a Ángel González sin más, como suelo hacer, te dejo otro ejemplo. Se trata del poema «El amor a las cosas» de Josefina Romo Arregui (1909-1979), que comienza así:

«Llevo dentro del alma un amor a las cosas,
que es la esencia suprema de mi amor a la vida;
mientras haya jazmines y pomas olorosas,
¡qué importa que la dicha para mí esté perdida!».

Espero que la entrega de hoy te ayude a acabar el año con el ánimo en alto y espero también que, en general, este boletín poético te haya animado a seguir poniendo poesía en tu vida y que este viaje en mi compañía te haya resultado placentero. Gracias por dar este paseo conmigo.

Cuídate mucho.

P. D.: Si leyendo esta entrega del boletín poético te parece que estoy un poco loca (o leyendo cualquiera de las anteriores), te dejo una respuesta en forma de canción: «Yo no estoy loco», de Estopa. Que la disfrutes.

# Agradecimientos

No pensaba que iba a llegar el momento en el que pudiera escribir unas páginas de agradecimientos al final de un libro, qué cosas. Mucho menos que iba a llegar a escribir un libro como este, en el que mis versos están puestos al lado de los de grandes poetas. Supongo que eso habla de una mejoría en mi autoestima, así que voy a empezar agradeciendo por ahí, a las personas que creyeron en mí y me ayudaron a que yo misma lo hiciera.

En primer lugar, a mis amigas. Son ellas las que me han acompañado en los buenos y los malos momentos, bien compartiendo un desayuno o una cerveza, bien al otro lado de una pantalla. Son ellas las que me han puesto los puntos sobre las íes cuando me he escondido tras el autoescarnio, ya sea con una zapatilla de unicornio, con un «frena, que te matas» o con su honestidad salvaje. Son ellas las que me han dicho que todo iba a salir bien cuando lo he necesitado, y el mérito está en que han conseguido que llegue a creérmelo. Espero que sepan disculparme que no las nombre una a una. Y confío en que, a pesar de eso, sepan quiénes son. Gracias, señoras.

En el apartado «amigos» quiero dar las gracias, especialmente, a dos. A Alberto, que sigue creyendo que algún día tendré una rotonda en mi pueblo. Y a Diego, que ha sido un gran apoyo en las buenas y en las malas y que, además, nunca se ha quejado por aparecer en mis poemas.

También quiero dar las gracias a mi editor, Juan Romeu, por creer en mis versos sin prestar atención al número de seguidores en redes sociales o a mis conexiones (inexistentes, por cierto), por el entusiasmo que muestra con mis poemas y porque gracias a su respuesta afirmativa a un correo en el que yo presentaba tres poemas para una antología he vivido cosas que no pensaba que fuesen a ocurrirme nunca.

Aunque ya lo he hecho muchas veces, quiero volver a dar las gracias aquí a los lectores de mi *newsletter* poética. Empecé ese proyecto sin ninguna esperanza ni objetivo, simplemente por hacer algo con los cuadernos de poemas que se amontonaban en mi estantería, y resulta que si este libro existe y si me han pasado otras cosas maravillosas es, en buena parte, gracias a ella y a las personas que la leen cada domingo. Gracias por vuestros correos llenos de apoyo, gratitud, confidencias y retales de vuestras vidas. Gracias por compartir mis versos en redes sociales, por bordarlos, por dibujarlos, por caligrafiarlos... Gracias por leerme con tanto cariño. Soy verdaderamente afortunada.

No quiero dejar fuera de mis agradecimientos algo sin lo cual no sería lo que soy: las bibliotecas públicas.

En ellas me he nutrido de lecturas (en verso y en prosa), gracias a ellas he podido disfrutar de libros que en muchos momentos de mi vida no podía pagar, lo cual para mí, hija de una familia de clase obrera *corta de bienes,* que no pobre, como dice mi padre, ha sido crucial. Por supuesto, las bibliotecas no serían lo que son de no ser por sus trabajadores. Gracias a todos ellos, en especial a los que han formado parte de mi recorrido como lectora, desde Mari Tere, mi primera bibliotecaria, que tuvo que soportar mi voraz hambre de libros cuando era una niña, hasta Miguel, que ha tenido que gestionar mi entusiasmo como coordinadora de un club de lectura en los últimos tiempos.

Y ahora sí, para terminar, gracias a ti que has decidido escoger este libro y hacerle un hueco en tu vida, dedicarle tu tiempo y tu atención. Espero, de todo corazón, que haya merecido la pena o, mejor aún, la alegría.

# Referencias de autores y poemarios

Álvarez, Javier: *Un río se llamaba Carlos* (Detorres Editores, 2019): 15 de mayo.

Bautista, Amalia: *Tres deseos* (Renacimiento, 2010): 1 de junio; 15 de noviembre; 1 de diciembre.

——: En *Rojo dolor. Antología de mujeres poetas en torno al dolor*. Edición de Ana Castro (Renacimiento, 2021): 15 de noviembre.

Berbel, Rosa: *Las niñas siempre dicen la verdad* (Hiperión, 2018): 1 de marzo.

Bonnett, Piedad: *Lo terrible es el borde. Antología poética* (Visor, 2021): 15 de diciembre.

Castellanos, Rosario: *Juegos de inteligencia. Antología poética* (Renacimiento, 2011): 15 de diciembre.

Castrejón, María: *La inutilidad de los miércoles* (Huerga & Fierro Editores, 2017): 1 de octubre.

Castro, Juana: En *Rojo dolor. Antología de mujeres poetas en torno al dolor*. Edición de Ana Castro (Renacimiento, 2021): 1 de mayo.

Castro, Olalla: *Bajo la luz, el cepo* (Hiperión, 2018): 1 de julio.

——: En *Rojo dolor. Antología de mujeres poetas en torno al dolor*. Edición de Ana Castro (Renacimiento, 2021): 1 de julio.

Cernuda, Luis: *Poesía completa. Vol. I* (Siruela, 2005): 15 de agosto.

Chamorro, Francisco José: *Liberalismo político* (Hiperión, 2017): 15 de mayo.

——: *Teoría de la justicia* (Hiperión, 2020): 15 de mayo.

Costafreda, Alfonso: En *Los lunes, poesía. Antología de poesía española contemporánea para jóvenes*. A cargo de Juan Carlos Sierra (Hiperión, 2010): 15 de marzo.

Cuenca, Luis Alberto de: *Su nombre era el de todas las mujeres* (Renacimiento, 2016): 1 de marzo; 15 de mayo; 1 de junio; 15 de agosto.

Dickinson, Emily: *Antología bilingüe*. Edición de Amalia Rodríguez Monroy (Alianza, 2015): 1 de septiembre.

Fuertes, Gloria: *El libro de Gloria Fuertes. Antología de poemas y vida*. Edición y textos de Jorge de Cascante (Blackie Books, 2017): 1 de enero.

——: *Isla ignorada* (Torremozas, 2017): 1 de abril.

Gahete, Manuel: En *Poesía para niños de 4 a 120 años*. Edición de Jesús Cotta, José María Jurado y Javier Sánchez Menéndez (La Isla de Siltolá, 2010): 1 de enero.

García Lorca, Federico: *Bodas de sangre* (Cátedra, 2005): 15 de julio.

García Montero, Luis: *Poesía completa (1980-2015)* (Tusquets, 2015): 15 de febrero; 15 de junio.

González, Ángel: *Palabra sobre palabra* (Austral, 2017): 15 de enero; 1 de febrero; 15 de abril; 15 de mayo; 1 de septiembre; 15 de diciembre.

Hernández, Miguel: *Obra poética completa* (Alianza, 2017): 15 de julio, 1 de agosto.

Ibn Hazm de Córdoba: *El collar de la paloma* (Alianza, 2012): 1 de abril.

Jodra Davó, Carmen: *Las moras agraces* (La Bella Varsovia, 2020): 15 de enero; 1 de abril.

——: *Rincones sucios* (La Bella Varsovia, 2021): 1 de octubre.

——: *El libro doce* (La Bella Varsovia, 2021): 1 de diciembre.

Kavafis, Konstantino: *Poesías completas* (Hiperión, 1995): 15 de julio.

Luque, Aurora: *Carpe amorem* (Renacimiento, 2021): 1 de febrero; 15 de febrero; 15 de junio; 1 de diciembre.

Maillard, Chantal: *La herida en la lengua* (Tusquets, 2015): 1 de julio; 1 de octubre.

March, Susana: En *Antología de poetas españolas. De la generación del 27 al siglo XV* (Alba, 2018): 1 de mayo.

Mora, Ángeles: *La sal sobre la nieve* (Renacimiento, 2017): 1 de febrero; 15 de septiembre.

Moya, Ana Patricia: *La balada de la soltera* (Averso, 2023): 1 de noviembre.

Mulder, Elisabeth: En *Peces en la tierra. Antología de mujeres poetas en torno a la Generación del 27*. Edición y selección de Pepa Merlo (Fundación José Manuel Lara, 2010): 15 de marzo.

Navas, Julia: En *Antología de poesía viejoven. Casting de poetas sin foto* (Versátiles, 2020): 1 de noviembre.

Ors, Miguel d': En *Poesía para niños de 4 a 120 años*. Edición de Jesús Cotta, José María Jurado y Javier Sánchez Menéndez (La Isla de Siltolá, 2010): 15 de marzo.

Pavese, Caesare: *Vendrá la muerte y tendrá tus ojos* (Mondadori, 1998): 1 de septiembre.

Pérez Cañamares, Ana: *Las sumas y los restos* (Ya lo Dijo Casimiro Parker, 2019): 1 de mayo.

——: En *Rojo dolor. Antología de mujeres poetas en torno al dolor*. Edición de Ana Castro. (Renacimiento, 2021): 15 de marzo; 1 de agosto.

Peri Rossi, Cristina: *La barca del tiempo. Antología poética* (Visor, 2019): 15 de febrero; 1 de agosto; 15 de agosto.

Pizarnik, Alejandra: *Poesía completa* (Lumen, 2016): 1 de marzo; 15 de abril; 15 de noviembre.

Plath, Sylvia: *Soy vertical, pero preferiría ser horizontal* (Penguin Random House, 2019): 15 de abril; 1 de mayo.

Quevedo, Francisco de: *Antología poética* (disponible en la página web de la Biblioteca Virtual Miguel de Cervantes): 15 de septiembre.

Romo Arregui, Josefina: En *Peces en la tierra. Antología de mujeres poetas en torno a la Generación del 27*. Edición y selección de Pepa Merlo (Fundación José Manuel Lara, 2010): 15 de diciembre.

Ruiz, Juanma: *Materiales de derribo* (Cuadernos del Laberinto, 2018): 15 de noviembre.

Sabines, Jaime: *Recuento de poemas (1950-1993)* (Visor, 2019): 1 de junio.

Salinas, Pedro: *Salinas. Poemas esenciales* (Salvat, 2022): 15 de junio; 15 de noviembre.

Sánchez Rosillo, Eloy: En *Poesía para niños de 4 a 120 años*. Edición de Jesús Cotta, José María Jurado y Javier Sánchez Menéndez (La Isla de Siltolá, 2010): 1 de agosto.

Serrano, Rodolfo: *Tu nombre estaba en todas las ciudades* (Frida, 2017): 15 de junio.

Storni, Alfonsina: *Antología poética* (Alianza, 2020): 1 de octubre.

Valente, José Ángel: *Poesía completa* (Galaxia Gutenberg, 2014): 15 de julio.

Valenzuela Albarrán, Olga: *La luna de anoche* (Tierra de Nadie, 2009): 15 de septiembre.

Vilariño, Idea: *Poesía completa* (Lumen, 2018): 1 de julio; 15 de octubre; 1 de noviembre.

Vitale, Ida: *Poesía reunida* (Tusquets, 2019): 1 de mayo; 15 de octubre.

Beatriz Minaya nació en Villanueva de la Jara, Cuenca, en 1988. Estudió Filosofía y actualmente ejerce como profesora de ESO y Bachillerato en Córdoba. La poesía ha sido una constante en su vida desde que descubrió los versos de Gloria Fuertes en el colegio y se dio cuenta de que se podía jugar *así* con las palabras. Tiene publicados sus poemas «No me pasa nada», «Bajo las jacarandas» y «Memoria» en *Poesía bonita y que se entiende* (Maresía, 2023). En 2013 fue reconocida con el tercer premio en el VII Certamen de Creación Literaria Juvenil Poeta García Gutiérrez, organizado por el Ayuntamiento de Chiclana de la Frontera. Actualmente se ocupa de la *newsletter* semanal «Retales de poesía».

Todas las erratas de este libro
han sido colocadas estratégicamente.